LE PARNASSE

CONTEMPORAIN SAVOYARD

PUBLIÉ PAR

CHARLES BUET

THONON

IMPRIMERIE DE LA SOCIÉTÉ ANONYME DE L'UNION CHABLAISIENNE

JOSEPH MASSON, DIRECTEUR

—

1889

LE
PARNASSE
CONTEMPORAIN SAVOYARD

IL A ÉTÉ TIRÉ DE CET OUVRAGE :
1 exemplaire sur papier impérial du Japon,
et 599 exemplaires sur papier teinté fabriqué spécialement
par les Papeteries de Cran, Annecy,
(VEUVE AUSSEDAT et Cie).

A LA SAVOIE

Dans le frais clair obscur des heures du matin,
J'avais gravi les prés qui bordent la Tournette ;
Tout à l'entour, les chants du pâtre et la sonnette
Des troupeaux m'envoyaient leur concert argentin.
A mes pieds, le soleil, par brusques échappées,
Eclairait les forêts, de brumes estompées,
Et, par de là les bois de hêtres, à travers
Le noir frissonnement des sapins toujours verts,
Je voyais les blés roux et les avoines blondes,
Les sarrazins pareils à de blanches toisons,
Et les champs de maïs et des toits de maisons
Epars sous les noyers trapus aux cîmes rondes ;
Puis, dans le vert lustré des vignes, tout au loin,
Un coin de lac tranquille et d'un bleu de turquoise.
L'air était imprégné de la senteur du foin,
Mêlée à des parfums de fraise et de framboise.
Je le buvais à pleins poumons, j'en étais gris.
La montagne était là, devant moi, dans sa gloire,
Alors tout exalté, dans ma gourde je pris

Un grand verre de vin pétillant de Talloire,
Et saluant les bois, les monts, le lac d'azur,
Le cœur ému, les yeux en fête, l'âme en joie,
Je portai tout là-haut, sous le ciel large et pur,
   Un toast à la Savoie :

A la Savoie ! au beau pays toujours français,
A la noble province énergique et loyale,
A qui les prés neigeux et les vieilles forêts
   Font une couronne royale !

Aux fils de la Savoie ! aux braves gens de cœur
Par qui la France, aux jours de deuil, fut secourue,
Et dont les fortes mains, avec même vigueur,
   Tiennent l'épée et la charrue.

A ses filles !... Leurs yeux doux, limpides et bleus
Gardent un reflet pur du lac dans leurs prunelles,
Les roses cyclamens sous les sapins ombreux
   N'ont pas meilleure grâce qu'elles.

O Savoie ! ô pays merveilleux !... C'est ici
Que Rousseau vit pousser les fleurs les plus exquises
De ses jeunes amours : — Aux jardins d'Annecy,
   A Thônes parmi les cerises.

Genève est son berceau, mais ce fut sur ton sol,
Au bord de tes ruisseaux courant sous la verdure,
Que son esprit, semblable aux oiseaux de haut vol,
   Prit l'essor en pleine nature.

Aussi j'aime tes prés, tes pics et tes torrents ;
J'y retrouve en plus grand mon vert pays des Vosges,
Je t'envoie un salut fraternel, et je rends
     Hommage aux terres allobroges !

Et levant haut mon verre où coule ton vin pur,
Le cœur ému, les yeux en fête, l'âme en joie,
Je porte un toast aux monts, aux bois, au lac d'azur,
     A la Savoie !

André Theuriet

12 Septembre 1886.

> *Veullyés oyr chanson piteuse*
> *Quest fayte d'un cœur marri;*
> *L'a fayt Philippe de Savoye*
> *En la prison où il est mis.*
>
> *Recomande moy ancorà la Croix blanche*
> *Et à les gens de mon pays*
> *Et à la cité de Gienefve*
> *Jamais non la pense voyr.*

Cette chanson naïve est assurément l'un des plus anciens types de la poésie savoyarde; elle est plus émue que savante, mais elle rappelle avec une indicible mélancolie la captivité de Philippe-Monsieur, qu'on nommait aussi Philippe-sans-Terre, fils du duc Louis, et retenu prisonnier au château de Loches par le roi Louis XI. *

Ce prince revit, on le sait, et la Savoie et la belle ville de Genève. Sous le titre de comte de Bresse, il fit assez de bruit dans le monde, fut le principal artisan du drame dont le château de Thonon fut le théâtre, et où le maréchal de Saint-Sorlin et le chancelier Valpergue perdirent la vie, et parvenu enfin au trône, il mourut après un règne sans éclat.

Hommes d'église, hommes de guerre, hommes d'état, philosophes et savants, historiens et prosateurs, emplissent les annales de notre Savoie, où le culte des lettres et

* *Archives de Turin*. Communiqué par M. André Perrin.

des arts est plus vivace, plus développé, plus étendu, peut-être, que dans la plupart des autres provinces françaises.

L'instruction primaire, au surplus, s'y trouvait dès l'annexion de beaucoup supérieure au niveau moyen des anciens départements, et la langue s'y parle avec une précision correcte que n'altère aucune trace de patois. Pas un petit enfant, même dans les villages accrochés aux monts que couronnent les glaces éternelles, même au fond des vallons creusés entre les sommets abrupts, qui ne parle purement. Aussi la Savoie demeure-t-elle étrangère aux renaissances littéraires, caractérisées par un idiôme particulier, que nous voyons fleurir en Provence, en Languedoc, au pays basque, en Flandre et en Bretagne ; elle est autonome, mais elle reste nationale, et c'est à l'évolution générale qu'elle peut et veut prendre part dans l'immense mouvement intellectuel, dont nous voyons l'irrésistible développement.

La Savoie, qui a produit tant de prosateurs, à commencer par le disert, l'élégant, le spirituel François de Sales, dont le style aussi net qu'imagé se retrouve sous la plume alerte du grand Joseph de Maistre, ne compte relativement qu'un petit nombre de poètes.

Avant le seizième siècle, on cite guère que Jean-Michel de Pingon, couronné au Capitole à Rome, pour ses poésies latines, sous Alexandre VI ; Charles de la Vigne et François Miossingen. Le chansonnier Nicolas Martin, de St-Jean de Maurienne, et Claude Mermet, sont déjà du seizième. Ce dernier n'est guère connu que par deux quatrains, qui sont l'un, une leçon de philosophie :

> *Les amis de l'heure présente*
> *Ont le naturel du melon,*
> *Il faut en essayer cinquante*
> *Avant d'en rencontrer un bon ;*

l'autre, une fine satire, toujours véridique, même après la

déclaration des droits de l'homme et les immortels principes :

> *Tu dis que tu es gentilhomme*
> *Par la vertu du parchemin ?*
> *Qu'un rat se trouve en ton chemin,*
> *Tu seras puis simplement homme.*

Cependant un de nos poètes savoyards brilla près de la pléiade : Marc-Claude de Buttet, le premier qui ait écrit en français des vers saphiques mesurés. Il publia plusieurs ouvrages, dont le meilleur est l'*Amalthée*, récit d'amour tout à fait dans le goût de l'époque, et composé de cent vingt-huit sonnets en l'honneur d'une belle dont voici le portrait :

> *La rose vive embellie en son sang*
> *Vint honorer le fruit de sa charnure,*
> *Le plus fin or jaunit sa chevelure,*
> *Son cou blanchit de l'ivoire plus blanc...*
> *Il n'y a rien, en la chaste et honneste*
> *Du pié gentil jusqu'à sa belle teste,*
> *Qui ne soit rare, admirable et divin.*

Comme on voit, nous sommes assez loin de Ronsard ! Marc-Claude de Buttet valait surtout par sa verve dans le grotesque ; on a pu l'appeler avec raison un « Callot poétique. »

Le même siècle vit Alphonse del Béne, prieur d'Hautecombe, un des premiers membres de cette Académie Florimontane sur laquelle Richelieu, quarante ans après François de Sales et Antoine Favre, fonda l'Académie Française, et à qui Ronsard dédia son *Art poétique;* — Marin de Conzié et Claude Nouvellet. Plus tard, le savant président Favre, qui avait pour devise : *Pain, paix, peu !* s'adonne à la tragédie ; Alexandre Fichet, du Petit-Bornand, publie des poésies sacrées, et Monet, de Bonneville, des odes latines ; enfin vient Ducis, originaire de Hauteluce, le traducteur de Shakespeare, pour qui aurait pu être formulé le proverbe italien : *Traduttore, traditore,* et qui succède à Voltaire à l'Académie Française.

Mais aucun poète de large envergure n'apparaît en Savoie jusqu'à Jean-Pierre Veyrat, le seul peut-être qui eût, de son vivant, mérité véritablement la renommée, et qui, mort déjà depuis bien des années, ne fût enfin mis en évidence que par Sainte-Beuve, dans un chapitre des *Lundis*, sans doute oublié maintenant.

Veyrat fut appelé « le Lamartine des Alpes ». Il n'a publié que deux recueils complets, la *Coupe de l'exil* et *Station poétique à l'abbaye d'Hautecombe*, mais il a laissé un grand nombre d'œuvres inédites, vers et prose, pieusement recueillies, et qui ne tarderont pas, s'il plaît à Dieu, à voir le jour. M. Louis Pillet et M. Weiss ont donné de fort belles études littéraires sur ce poète, vraiment grand par le talent et par le caractère, et nous ne citerons que pour mémoire celle que nous publiâmes naguère dans le *Monde Poétique*, à Paris.

* *

La Savoie est un des plus admirables pays qui soient au monde ; elle est riche des beautés naturelles que lui a prodiguées la main du Créateur ; elle a ses montagnes tapissées de sapins, couronnées de neiges éternelles et divisant le pays en vallées où ne pénètrent point les excès de civilisation qui rongent les grandes villes. Elle a son histoire, son autonomie, dans les siècles passés ; des traditions qu'elle garde pieusement ; des légendes qui plaisent à ses croyances naïves ; un culte passionné pour tout ce qui rappelle les aïeux, pour tout ce qui touche à la famille, au foyer, à la terre natale.

Le Savoyard aime cette terre où Dieu a semé à profusion les arbres toujours verts même sous les neiges éternelles, les prairies où les fleurs alpestres brodent l'herbe de leurs éclatantes étoiles, les eaux pures et limpides murmurant sous les feuilles. Il grandit au milieu de cette nature féconde.

Comme je l'ai dit ailleurs, * me plaisant à le répéter encore, il apprend à aimer le sol fertilisé par les ossements de ses ancêtres, d'où il est sorti libre et fier pour y rentrer un jour, vaincu peut-être, mais jamais humilié. L'histoire lui a laissé des monuments que le temps seulement a touchés, mais sur lesquels l'homme n'a jamais porté une main sacrilège.

Il sait que les arts se sont épanouis, sous l'influence de princes libéraux et d'institutions florissantes, dans des villes qui, depuis de longues suites d'années, gardent le le respect de traditions sans cesse renouvelées. Epris de la splendeur des sites alpestres, des souvenirs d'un passé presque vivant, tant il est aimé, tout vibrant de la poésie merveilleuse des choses, de la grandeur magnifique des faits, il devient l'homme passionné de son pays, et il y reçoit tant de leçons d'un ardent patriotisme que bien des années d'absence, et tous les maux qui font cortège à l'absence, ne parviennent pas à voiler ces exquis sentiments de la prime jeunesse qui demeurent le charme de toute la vie.....

A travers toutes les révolutions, le Savoyard est resté le même : l'homme de la terre et de la roche, le montagnard qui se rapproche de Dieu en prenant pour piédestal ces hautes cimes où il s'en va planter l'étendard de la liberté et de la fraternité : la Croix.

Peut-être quelquefois émigre-t-il pour aller chercher sous d'autres cieux la fortune que le travail le plus âpre lui refuse sous nos climats ; mais s'il s'en va, il revient dès que le but est atteint, car si tous les pays du monde sont beaux pour y vivre, la terre natale est la seule que le Savoyard trouve belle pour y mourir.

L'impression qui me reste de l'étude attentive des poètes contemporains savoyards, est qu'il y a chez eux une corde

---

* *Les Savoyards chez eux et chez les autres.* (Discours de réception à l'Académie de Savoie, 19 avril 1883).

toujours sensible et vibrante, et dont le son est toujours
absolument sincère : le patriotisme. Qu'ils parlent du pays
pour en décrire les splendeurs, qu'ils content les naïves
légendes du coin du feu, qu'ils rappellent les grandes épo-
pées des temps chevaleresques, qu'ils célèbrent les vertus
et les gloires des grands hommes que les âges passés nous
ont légués ; ou bien encore qu'adoptant la nouvelle patrie
que des événements imprévus ont imposé à ce coin des
Alpes, — jadis le grand chemin entre la France, l'Allemagne et l'Italie, — le sentiment si pur et si désintéressé
qui est l'amour de la patrie dicte toujours leurs vers.

Et même le souvenir de sanglants événements qui as-
sombrissent encore les dernières années de ce siècle... dont
la fin reste dans l'impénétrable mystère, a inspiré à quel-
ques-uns des plus jeunes de nos poètes, des hymnes guerriers et des chants d'espoir qu'il faut admirer quand même,
en croyant.... si l'on peut, en espérant.... si l'on doute. !

*
**

Il y a tantôt un demi-siècle, un homme d'esprit qui ne
pensait pas alors qu'il devait s'éteindre au milieu des luttes
stériles du parlementarisme, et qui s'appliquait avec ardeur
à mettre en lumière la nouvelle province annexée à la
France, à réagir contre l'ignorance des uns et l'ingratitude
des autres, en faisant connaître à notre nouvelle patrie nos
gloires, nos traditions, notre passé, conçut, le premier,
l'idée que nous avons exécutée après lui. Mais Jules Philippe, en écrivant les *Poètes de la Savoie*, accordait plus de
place aux morts qu'aux vivants, et il composait une œuvre
critique plutôt qu'une anthologie. Son introduction, sans
être de haut vol, ni d'une érudition soutenue, indiquait à
grands traits les poètes antérieurs à Ducis, et des notes
biographiques, assez complètes quant aux faits, mais peut-
être un peu banales quant aux appréciations, sur Ducis,
Xavier de Maistre, Mouthon, Joseph-François Michaud,
François Blanc, Jenny Bernard, Hyacinthe Tiollier, Jean

Pierre Veyrat, Bénédict Truffey, Jacques-Henri Callies, Auguste de Juge et Marguerite Chevron, donnaient à son recueil l'aspect trop sévère d'un « livre de classe ».

Il eût été fâcheux qu'une publication plus moderne fût calquée sur ce modèle, et il convenait de laisser à Jules Philippe, — prématurément enlevé aux lettres qu'il cultiva avec tant d'amour et de succès, — le grand mérite de son idée et le bénéfice de l'œuvre accomplie.

C'est pourquoi le PARNASSE CONTEMPORAIN SAVOYARD, inspiré par une idée toute différente, avec un autre but, devait revêtir une forme spéciale et répondre à un plan nouveau. Comme le *Parnasse Breton contemporain*, le *Parnasse de la jeune Belgique* et maint autre recueil du même genre, que la mode et le goût du « Folk lore » ont fait éclore, il serait simplement l'expression du sentiment poétique en Savoie pendant la durée de ce siècle; il montrerait quels sujets sont plus familiers à nos poètes, quelles sensations les inspirent et à quelles croyances ils obéissent; il contiendrait des Paysages et des Odes, des Sonnets et des Invocations, des Epitres familières et des Fables, — reflétant les beautés naturelles du pays, retraçant les souvenirs des anciens âges, contant les légendes populaires, de façon à devenir comme une émanation poétique de la patrie, suggestive aux absents tout ainsi qu'aux présents, indemne de tout esprit de parti, libre sans cesser d'être honnête.

Il ne nous appartient pas de dire si nous avons réalisé exactement l'œuvre difficile et complexe que nous avions rêvée. Nous avons fait des efforts sérieux pour y atteindre, et l'on nous tiendra compte, — il est permis de l'espérer, — d'une sincère bonne volonté.

**

Il ne nous appartient pas davantage de faire l'éloge des poètes vivants qui ont bien voulu collaborer au Parnasse. A nos yeux, sinon à ceux des lecteurs, tous ont un égal mérite : celui de correspondre à l'initiative d'un plus audacieux, et de coopérer à l'œuvre commune, sans arrière-pensée de lucre ou de vanité. Nous ne saurions donc appeler l'attention sur tel ou tel nom, en particulier. On voit assez par la composition du volume que chacun a eu ses coudées franches, sans inquiétude de son voisin, comme on voit que notre choix a été dicté par le désir d'introduire le plus qu'il serait possible ce grand élément de succès, la variété, dans cette mosaïque.

Tous les genres y sont représentés, et beaucoup d'idées divergentes s'y manifestent. On a exclu le blasphème, l'impiété, la licence, les tableaux personnels, de quoi nul ne saurait nous blâmer, car il fallait que le Livre pût être lu de tous ceux qui lisent nos modernes poètes, et qui, sur les bancs de l'école, ont lu déjà Virgile et Horace, Shakespeare et Corneille, Racine et Molière, la pléiade du XVIe siècle, et, dans le nôtre, au moins en partie, Lamartine, Alfred de Musset et Victor Hugo.

Ce Parnasse, au surplus, n'est point définitif ; il n'est que l'expression de notre poésie contemporaine ; il rappelle des œuvres naguère applaudies, et des noms aimés ; il signale des noms nouveaux, indique des œuvres futures. Peut-être aidera-t-il au mouvement de littérature nationale qu'il serait dans nos ambitions de provoquer.

Avec ses Académies et ses Sociétés d'archéologie ou d'histoire, la Savoie paie un large tribut à la science ; peut-être a-t-on, chez nous, trop d'indifférence pour les choses purement littéraires, où l'imagination, le goût et le style ont la plus grande part. Peut-être est-on porté volontiers à les considérer comme frivoles et sans importance. On oublie que la Grèce nous est révélée surtout par Homère, et que Goethe tient une place énorme dans l'Allemagne moderne. Il y aurait là tout un plaidoyer à entreprendre, mais ce n'est ni le lieu, ni le moment, et puisque la Sagesse dit *qu'on juge l'arbre à ses fruits,* nous devons tout d'abord nous soumettre au jugement du public.

Tous les poètes de la Savoie ne figurent pas dans ce recueil. Il eut fallu plusieurs années de recherches pour rassembler leurs œuvres, dont un grand nombre sont encore inédites. Il nous est arrivé également de nous heurter à des refus : scrupules, en des familles de poètes qui ne sont plus ; modestie ou paresse, chez quelques poètes vivants. Ne sait-on pas que l'indifférence et l'apathie sont les défauts le plus communément reprochés aux Savoyards ?

Tel qu'il est toutefois, le *Parnasse* renferme près de cent morceaux, dont la moitié, d'auteurs vivants, et pour la plupart inédits, ou peu connus.

Ce n'est qu'un ALBUM, mais combien intéressant et curieux !

« Notre époque, — dit quelque part M. Legouvé, — « n'est pas une époque d'imagination et de poésie ; la réa- « lité seule l'intéresse profondément. » Et François Coppée, dans son récent discours de réception à l'Académie française, n'assimilait-il pas le poète au prophète, dont la voix retentit dans le désert ? Notre Savoie voudrait-elle faire mentir les deux immortels ou bien leur donner raison en opposant l'exception auprès de la règle ? Le fait est que la veine poétique semble dans nos montagnes demeurer aussi intarissable que l'eau qui en descend ; elle jaillit un peu partout, sur les sommets, dans la plaine, à l'ombre du presbytère, sous les lambris des salons, sur les bancs de l'école, le long des chemins ombreux, sur le trottoir des rues bruyantes, à la caserne, dans l'atelier et jusque sur la locomotive. Le Parnasse ne serait-il pas quelque peu le cousin du Mont-Blanc ?... * »

« Oui, — nous pouvons résolument l'affirmer, — si la poésie devait être bannie du reste du monde, elle trouverait toujours un temple et des fidèles dans la Savoie, le long des nefs de ses défilés, au milieu de l'abside de ses cirques, sous les tuyaux d'orgue et les sauvages harmonies de ses forêts de sapins... Les Alpes, avec leurs solitudes trou-

* *Rapport sur le Concours de poésie à l'Académie de Savoie, en 1884* par M. FRANÇOIS DESCOTES.

blantes, leurs glaciers étincelants, leurs cimes déchiquetées et leurs vastes horizons, c'est comme le trépied des anciens où la pensée s'épure, se dégage des miasmes de la matière, prend des ailes et s'élance d'un vol hardi à travers la sereine immensité des cieux... Qu'est-ce que cette envolée, sinon la condition première de l'inspiration poétique ? Et notre Pierre Lanfrey, — qui cachait l'âme d'un poëte sous le masque rigide de l'historien, — n'en traduisait-il pas excellemment les vigoureux transports lorsqu'il s'écriait dans ses *Lettres d'Everard :*

« Ce sont les sentiments les plus énergiques qu'émeuvent en nous les hauts sommets ; ils nous sollicitent à monter toujours plus haut, et les lyriques élans qu'ils inspirent à l'âme ne sauraient mieux se comparer qu'à leur forme hardie et élancée vers le ciel... Qui que vous soyez, si vous portez un cœur libre, saluez ce sanctuaire ! Ranime-toi, poussière humaine, et redeviens un homme ? » *.

*
* *

Notre plan primitif comportait des *Biographies,* et toute une partie de Poésies en patois de nos différentes provinces.

Nous avons dû y renoncer, et voici pourquoi.

Parler avec vérité, justice, indulgence d'hommes sur qui vient à peine de se refermer la porte du tombeau est déjà difficile : Parler des vivants est plus difficile encore, alors qu'on ne veut ni former une société d'admiration mutuelle, ni dénigrer de parti pris. Se borner à des dates d'état civil, à de sèches nomenclatures, eut été mesquin. Plusieurs de nos collaborateurs préféraient que la formalité fût supprimée, beaucoup nous conseillaient de n'y point songer : nous avons pris le sage parti de nous abstenir. Pour les morts, on a les *Biographies* publiées par Jules Philippe, — et les vivants, je m'en assure, ne demanderont pas mieux que d'attendre !

* *Rapport sur le Concours de poésie à l'Académie de Savoie en 1882* par M. FRANÇOIS DESCOTES.

Quant aux poésies en patois, il nous a été impossible
— malgré d'actives recherches et de pressantes sollicitations
auxquelles il n'a peut-être pas été répondu avec tout le zèle
que nous étions en droit d'espérer, — il nous a été impossible
d'en réunir plus de dix ou douze ; encore quelques chansons
villageoises sont-elles d'une naïveté qui rappelle un peu
trop les fabliaux du moyen-âge. Le patois jouit sans doute
des immunités du latin, mais il fallait des traductions en
regard... En outre, plusieurs de nos patois n'ont pas une
orthographe déterminée, malgré les savants travaux de
MM. Aimé Constantin, l'abbé Pont, Alphonse Despine et
Fr. Brachet.

Il aurait fallu nous borner à ce qui a été publié de J.
Béard, de l'avocat Jean-François Ducros de Sixt, ou dans
les almanachs de Dian de la Jeànna, le *Mystère de Saint-
Martin*, de M. Florimond Truchet, et quelques autres
réimpressions ou études, qui n'ont plus rien d'inédit. Cependant nous insistons pour qu'un philologue, plus expert que
nous ne le sommes en ces matières, collige un *Parnasse
Patois*, en l'accompagnant des dissertations et des notules
qui sont nécessaires pour établir une comparaison entre
les dialectes de nos diverses vallées. Humblement, nous
avouons que cette tâche nous dépasse, et qu'elle exige un
ensemble de connaissances et d'études préalables que
nous ne possédons point : en Bretagne, comme en Belgique, les éditeurs des deux *Parnasses* déjà cités, se sont
également dispensés de citer du bas-breton et du flamand.

Nous ferions acte d'ingratitude, si nous n'offrions nos
remerciements à tous ceux qui nous ont facilité notre
tâche : à ceux qui nous ont communiqué des extraits des
poètes de ce siècle séparés de nous par la mort ; — aux
poètes vivants, qui nous ont envoyé leurs manuscrits ; —
au comité intime qui nous a aidé à trier et à classer ceux-ci ;
— enfin aux *cinq cent cinquante* souscripteurs qui ont répondu à notre appel. Nous sommes fier d'avoir obtenu la

confiance des uns et des autres, et nous espérons fermement n'en avoir pas démérité.

De toutes parts on nous avertissait que c'était là une tentative bien hardie, et probablement destinée à échouer.

Mais nous nous sommes souvenus du proverbe : « Qui ne risque rien n'a rien », et nous avons préjugé, sans crainte, des bonnes dispositions des amis de la poésie. La récompense nous est venue par ce concours de collaborateurs distingués, de souscripteurs dévoués, — et nous remercions les uns et les autres, avec l'espoir hautement affirmé de les retrouver, associés à nos efforts, en d'autres occasions.

* *

Aux temps troublés où il nous est ordonné de vivre, ce n'est vraiment, après les consolations religieuses, que dans l'amour et le culte des lettres que l'homme d'intelligence trouve le réconfort, le repos et la paix. C'est dans le sentiment de la mission que Dieu lui a tracée que le poète trouve sa récompense, bien plus que dans les acclamations de la foule, et dans ce peu de bruit dont est faite la renommée.

Communauté de foi, d'espérances et d'ambitions ! Qui sait ? Peut-être cet ouvrage, inopinément composé, — à tout hasard, et presque improvisé, — sera peut-être le point de départ d'une action commune, utile à la chère patrie que nous aimons tous d'un si grand cœur ! Ce serait, assurément, la réalisation d'un beau rêve, que cette union des poètes savoyards, devenant une des rivales du Félibrige !... Mais faut-il insister ? Et n'est-ce pas assez que d'avoir montré ce qu'on peut faire, avec un peu d'entente et quelques efforts ?

Villa Floret, Décembre 1889.

CHARLES BUET.

ALEXANDRE AGNELLET

UN OURAGAN DANS LES ALPES

A Charles Tantet.

Mes yeux émerveillés ont voulu voir l'immense,
Du brin d'herbe qui meurt, quand un autre commence,
Jusqu'aux monts élevés où le chamois bondit,
D'où l'espace est si grand, et l'homme, si petit.

J'ai gravi les sommets des plus vastes collines,
Que lèchent des torrents les ondes cristallines ;
Sans rides, au front pur, un superbe matin,
Des sites déroulés argentait le lointain.

Puis l'azur merveilleux étendu sur le monde
Lentement se troubla d'une pourpre féconde :
L'horizon magnifique, ainsi décomposé,
Prit l'aspect saisissant d'un cratère embrasé.

Devant cet infini qui donne le vertige,
Où le regard, séduit, voyage et se dirige
Au-delà des versants aux flancs durs et rugueux,
Le tonnerre éclata, lugubrement fougueux.

Tout le vide béant s'enveloppa d'une ombre,
Donnant un air hideux à la nature sombre,
Les éclairs accourus, crachant leurs fusées d'or,
Suspendaient leurs lueurs sur ce morne décor.

Un ouragan survint, formidable et terrible,
Hurla, sonore et long, terrifiant d'horrible,
Se rua sur le val aussitôt, qui subit
Le désastre effrayant du visiteur maudit.

Pour le braver en face, un aigle vint des cimes,
Il fut broyé d'un souffle au milieu des abimes ;
Epuisé, dans un gouffre, on l'entendit' après,
Mêler son agonie aux rumeurs des forêts...

Saint-Jean de Sixt, 1887.

RETOUR EN SAVOIE

A F. Atrux.

Pays, berceau des miens, où le sublime habite,
Que joyeux on retrouve et qu'à regret on quitte,
J'admire avec orgueil tes hauts monts dans les airs,
Et tes grands pics neigeux où restent les hivers :
Tes limpides ruisseaux pleins d'enivrants murmures,
Tes côteaux, tes blés d'or, tes puissantes ramures.
Je reviens écouter le concert des oiseaux,
Les soupirs des forêts, les plaintes des troupeaux,
Les craquements épars de la branche meurtrie,
Les sourds mugissements des torrents en furie,
Le roulement des rocs culbutés jusqu'au val,
Et jetant aux échos leurs notes de métal.

Lorsque le jour décline et lentement s'efface,
Tel qu'un mirage d'or qui paraît et qui passe,
Quand la brise du soir bourdonne doucement,
Comme un aveu d'amour aux lèvres d'un amant,
Pour goûter ta senteur, aspirer ton haleine,
Heureux, dans les sentiers, pensif, je me promène,
Les astres embellis dans ton horizon pur,
La splendeur de tes lacs étincelants d'azur,
Le doux bruissement des feuilles balancées,
La cascade qui rage en gerbes courroucées,
Je savoure ce tout, bonheur d'un doux instant.
Parfois le cœur est las, mais j'ai le cœur content !

Puis quand l'obscurité couvre tout le village,
Je murmure, rêveur, quittant mon paysage :
Adieu, décors exquis qu'encadrent nos sapins !
De mon humble logis, je reprends les chemins,
Géantes majestés, adieu jusqu'à l'aurore,
Bien que dans mon sommeil, je vais vous voir encore,
Demain je reviendrai, vers les buissons perdus,
Intrépide marcheur, franchir les rocs ardus,
Parcourir hardiment les sentes délaissées,
Et boire, en me penchant, à tes sources glacées.

Savoie, ô ma patrie, adieu jusqu'à demain,
Car pour toi mon amour est un amour sans fin.

JULES ARNULF

SERMENTS D'AMOUR

Mignonne; au temps passé des roses et des lys
Sans nous connaître encor, oui, nous nous rencontrâmes,
Tu paraissais rêveuse et j'étais recueilli ;
Mais nous eûmes bientôt assimilé nos âmes,
C'était au temps passé des roses et des lys.

Tout le long des sentiers et des routes herbeuses
Nous avons fait ensemble une moisson de fleurs ;
Sans jamais échanger de notes amoureuses,
Et pourtant nous avions tant d'amour dans nos cœurs,
En courant les sentiers et les routes herbeuses !

Nous ignorions alors les serments et les vœux
Que se font au printemps tous les couples fidèles ;
Nous avions malgré tout le secret d'être heureux,
Sans avoir déployé complètement nos ailes,
Nous ignorions alors les serments et les vœux.

Maintenant que le sol est recouvert de neige,
Nous nous sommes promis de nous aimer toujours
Malgré les durs frimats et leur triste cortège ;
Nous avons attendu pour les serments d'amour,
Que les prés et les bois soient recouverts de neige !

CHALETS CACHÉS

Il est dans un vallon que le couchant regarde
Une clairière ombreuse, un gazon réservé,
Où coule sans tarir une source bavarde,
C'est le coin le plus beau qu'on ait jamais rêvé,

Aux premiers jours de Mai quand les fleurs sont écloses,
Les oiseaux amoureux s'y donnent rendez-vous,
Si l'on écoutait bien ces chanteurs, que de choses,
Oh ! pauvres ignorants, depuis lors saurions-nous !

Mais un mignon pastel plus émouvant encore
Nous fait ouvrir les yeux dans ce site enchanté ;
Au milieu des sapins que le vulgaire ignore,
Un chalet s'est caché sous leur dôme argenté.

Et sur le seuil, debout, une vierge rêveuse
Regarde se coucher les foins mûrs du printemps,
Pendant que ses brebis, dans l'étable joyeuse
Attendent de sa main la vaste clef des champs.

L'HIVER DORÉ

Du ciel plus triste que la tombe
Où par la mort nous finissons,
Bien doucement la neige tombe
La neige couvre les buissons.

Et tout frissonne sur la terre,
Les riches seuls sont à l'abri ;
Le pauvre assis sur une pierre,
Souvent s'endort, le cœur meurtri.

Et c'est alors que mon aumône
Dans sa main froide tombe mieux
En priant Dieu qu'il nous pardonne
Lui, d'être pauvre, et moi, joyeux.

Car près de toi, ma bienaimée
L'hiver devient l'avril en fleur,
La neige tombe parfumée
Et fond bien vite sur mon cœur.

JOSEPH BÉARD

L'AMOUR JOUANT DU FLAGEOLET

Pauvre foyer, où contre la misère,
J'ai vu mon père abriter dix enfants,
Et quand le Ciel m'a sevré d'une mère,
Dix orphelins ont pleuré si longtemps ;
Ton humble toit n'a pas de girouette
Qu'un vent léger tourne comme il lui plaît ;
Mais sur ta cîme, où rien ne pirouette,
On voit l'Amour jouant du flageolet.

Gentil Amour, si, dans les jeux sans règle,
Où le gamin vise à de hauts exploits,
Un trait lancé par le malin espiègle
Mutile un jour l'instrument dans tes doigts :
Sur son pivot, ta statue invincible
Saura braver l'impuissant camouflet,
Mais l'étourdi qui t'aura pris pour cible
Va payer cher le bois du flageolet.

Buste ingénu, pour t'asseoir à la place
Où ton visage allait charmer nos yeux;
Contre Annecy j'ai dû poser ta face,
Et lui montrer ta flûte au bois joyeux.
Mais, triste au fond des roseaux qu'elle y souille,
De chacun d'eux te fît-elle un sifflet,
Tu peux là-haut défier sa grenouille,
Et lui chanter les airs du flageolet.

Fidéle Amour, bien qu'on t'ait mis les ailes
Qu'offre à mes yeux l'inconstant papillon,
Du pauvre toit que tu caches sous elles,
Tu ne peux plus quitter le pavillon :
Et si, parfois, d'une charmante brune
L'amour juré loin de moi s'envolait,
A son départ tu lui vas, sans rancune,
Dire un adieu sur l'air du flageolet.

Sur le pinacle, au foyer du bon père,
Moi j'ai voulu te fixer à jamais;
Et dans l'asile où je n'ai plus de mère,
La Liberté m'en tient lieu désormais;
Soyons, Amour, unis pour sa défense;
Et quand les rois la prendront au filet,
Sur les tyrans venge avec moi l'offense,
Et s'il le faut, brisons le flageolet.

Mais sur ta flûte, Amour, tu vas sans crainte,
Jouer longtemps au poste où l'on t'a mis :
Les défenseurs de la Liberté sainte
Avec la terre ont les cieux pour amis;
Des oppresseurs un jour la tyrannie
Peut l'outrager d'un impudent soufflet,
Le jour qui suit répond à l'avanie
Et les enterre aux sons du flageolet.

Rumilly, 10 juin 1852.

J. BERNARD DE MONTMÉLIAN

LE CHANT DE L'EPÉE

A Mademoiselle Adeline Dudlay, de la Comédie Française.

Epée à mon côté fièrement suspendue,
Pourquoi ce clair regard de joie inattendue ?
J'en tressaille... et mon cœur toujours s'en gaudira,
    Et te voyant dira :
        Hourrrah !

— Mon regard est joyeux, parce que c'est un brave
Qui me porte et qu'il est libre de toute entrave ;
Voilà pourquoi ma joie encore éclatera
    Et vibrante criera :
        Hourrah !

— Ma bonne épée, eh ! oui, je suis libre et je t'aime
Comme une fiancée ; en un sanglant baptême
Unis, plus rien jamais ne nous séparera ;
    Mon cœur te restera :
        Hourrah !

Tes bleuâtres reflets, comme des yeux de femme,
Irrésistiblement ont fasciné mon âme...
Tu m'appartiens... Malheur à qui t'approchera !
  De ma main il mourra...
   Hourrah !

— Oui, je t'ai fiancé mon cœur de fer, mon âme...
Quand m'emmèneras-tu contre la Prusse infâme
Délivrer nos deux Sœurs ? Et quand donc s'ouvrira
  La noce où l'on rira ?
   Hourrah !

— Elle luira bientôt, l'aube de notre fête...
Déjà n'entends-tu pas l'appel de la trompette ?
Quand la voix du canon dans les airs tonnera,
  Ton preux t'emmènera...
   Hourrah !

— Oh ! luis, heureux hymen après lequel je clame !
Prends-moi, mon fiancé, tire ta bonne lame !
Je languis jusqu'à l'heure où tu me brandiras
  Où tu te grandiras.
   Hourrah !

— Pourquoi dans ton fourreau, batailleuse et sauvage,
Sonnes-tu, mon épée ? Ah l'heure du carnage,
L'heure de la revanche... attends ! elle viendra..,
  Et l'on se souviendra...
   Hourrah !

— Oui, je sonne au fourreau, j'aspire à la bataille,
Je sonne, cavalier, jusqu'à ce que je taille,
Que je fauche les rangs où tu me porteras,
  Où tu m'embrasseras :
   Hourrah !

— Reste dans ta prison, ma belle, attends encore...
Dans ta chambrette attends que blanchisse l'aurore
Où je pourrai joyeux t'offrir enfin mon bras !
      Fière tu t'y pendras.
      Hourrah !

— Ne retarde pas trop ce jour des épousailles !
Ton épouse d'acier a soif de représailles,
Soif de poudre et de sang... Dès que tu me voudras,
      Ma voix te répondra :
      Hourrah !

— Eh ! bien, sors de ta gaine !.. Apparais, mon épée,
Délices de mes yeux ! Pour la sombre épopée,
Viens au clair !.. Le Germain de rage frémira ;
      Le Franc se vengera.
      Hourrah !

— Hourrah ! mon bien-aimé ! Que c'est beau d'être libre
De reluire au soleil, vibrant dans l'air qui vibre,
Près de gais compagnons ! Oh ! comme on s'ébattra
      Quels chants on chantera !
      Hourrah !

— Preux de France, en avant !.. Et sus à l'Allemagne !..
En avant !.. En avant ! les fils de Charlemagne
Et de Napoléon !.. Leur ombre surgira...
      Le lion rugira :
      Hourrah !

Votre cœur a-t-il froid ? baisez la fiancée
De fer, et tenez-la fortement embrassée
La bouche sur les yeux !.. Honte à qui faiblira,
      A qui la trahira !
      Hourrah !

C'est des baisers de sang que sa lèvre réclame,
Des baisers meurtriers brûlants comme la flamme:
Jamais nul fiancé ne l'en rassasira ;
   Toujours elle crira :
   Hourrah !

Et maintenant, laissez chanter la Bien-Aimée !
Laissez-la s'ébaudir et réveiller l'armée !
Voici le jour de noce où ferme on dansera...
   Hourrah ! ma mie, hourrah !
   Hourrah !!!...

Chateau de Bourron, Août 1885.

SONNET DE FÊTE

A Madame Clémentine Ch. Buet.

Novembre est inclément pour toute Clémentine.
Aux bois plus de parfums, plus d'oiseaux, plus de fleurs,
Plus d'ombre et de rayons, plus de chaudes couleurs,
Plus d'aube de printemps, rose et diamantine.

L'abeille ne va plus chiffonner l'eglantine,
Le soleil a perdu ses fécondes chaleurs,
La forêt, ses chansons....La nature a des pleurs...
Le cœur seul a des fleurs où l'amitié butine.

Pour vous fêter, la mienne en a faite un bouquet
Que je voudrais plus frais, plus riant, plus coquet,
Parfumé des souhaits que je ne puis écrire...

Daignez les accepter d'une indulgente main,
Ces vers où je n'ai mis ni roses ni jasmin !
Ils sont éclos, Madame, à votre doux sourire.

23 Novembre 1885.

JENNY BERNARD

ÉPITRE FAMILIÈRE

A Auguste de Juge,
pour lui demander une cuisinière

(INÉDIT)

Écoutez bien, Monsieur : Tel qu'un nouveau bailli
Rendez-vous gravement au pont de Rumilly
Et tâchez, s'il vous plaît, d'y trouver une fille
Qui soit douce, posée, adroite, fort gentille,
Ni de grande beauté, ni laide à faire peur,
Pas trop grosse surtout : voilà pour l'extérieur ;
Aimant peu les plaisirs et pas du tout les hommes !
Sur ce chapitre-là, vous savez qui nous sommes,
Et vous seriez perdu, si nous voyions un jour
Allumer nos charbons avec le feu d'amour !
Du reste, sachant faire un fort bon ordinaire,
Sans exiger pourtant rien d'extraordinaire ;
Dévote sans excès, fidèle comme l'or...
Enfin ce que partout on appelle un trésor.

Si vous pouvez trouver une telle merveille,
Qui joigne à ses talents de n'être pas trop vieille,
Vous pouvez l'amener, et nous la recevrons
Malgré la grande coiffe et les deux ailerons. (1)

LE PETIT SAVOYARD

> C'est un enfant... il marche,
> il suit le long chemin qui va
> de France à la Savoie.
> ALEX. GUIRAUD.

Près du seuil embaumé de ce salon charmant
Le pâtre ménestrel timidement s'avance :
Un son rauque et criard annonce sa présence ;
Et son large chapeau, son obscur vêtement,
Ses lourds sabots, sa marmotte, et sa vielle
Dont sa main lentement tourne la manivelle,
D'une muse sauvage offre le nourisson :
« Qui veut voir la marmotte en vie ? »
Retirée à ce cri de son étroit caisson
La pauvre bête, aux trois quarts endormie,
Se cramponne effrayée au sommet du bâton ;
Avec terreur son œil a revu la lumière,
Et son corps engourdi retombe sur la terre ;
Mais le bon savoyard agitant son cordon
    La fait sauter, saute avec elle,
Et pour chanter sa ballade nouvelle
La replace bientôt en sa triste prison !
Pour chaque époque, il est des chants dans sa mémoire,
Quand, barbouillé de suie, un râcloir à la main,
Des canaux enfumés il suit l'obscur chemin,

(1) Ancien bonnet des Rumilliennes.

Sur leur étroit sommet montrant sa face noire,
Un couplet discordant sort de son répertoire ;
Et les chats effrayés, en fuyant sous les toits,
Par de sourds miaulements répondent à sa voix.
Mais quand du triste hiver la saison est passée,
Près de ses jeunes sœurs dansant la fricassée,
Gaiment il va chantant son châlet et ses bois.
Rarement on l'écoute aux rivages de France ;
    Mais au pays de sa naissance,
Du savoyard reconnaissant les droits,
L'étranger, un instant, veut bien faire silence :
Et lui, baissant la tête et frappant du talon,
Entonne en préludant sa naïve chanson :

BALLADE DU SAVOYARD

> Pauvre Jeannette, qui chantait si bien
> Lalirette !
> (FLORIAN.)

Le feuillage des bois roule dans la campagne,
Et la neige déjà tombe sur la montagne.
    Dans nos chalets le froid s'est fait sentir,
    O mon vieux père, allons il faut partir !

Prenez votre bâton, vos guêtres de voyage,
Et de notre patron la glorieuse image.
    A vos côtés, nous irons à Paris :
    Du savoyard c'est encor le pays !

Petit Pierre et Gaspard danseront leur gavotte,
En montrant l'écureuil et la pauvre marmotte.
    Et moi, s'il plaît au bienheureux Eloi,
    Dans son palais, je servirai le roi !

Je lui dirai : Salut ! sire, beau roi de France,
Allez à vos conseils, laissez sans défiance
    Votre couronne et votre or devant moi :
    Du savoyard rien ne tente la foi !

Tu viendras avec nous, ô ma sœur Madeleine,
Avec ton noir jupon, tes gros sabots de chêne,
    La croix d'argent qui doit te protéger.
    Ma mère a dit : Garde bien de changer !

Qu'importent les atours ! sous l'habit du village
Sois toujours, comme nous, et vigilante et sage.
    Le saint ermite a dit qu'à ton retour
    Au bon Colas il t'unirait un jour !

Ensemble nous irons à sa vieille chapelle
Quand, fidèle à son nid, la prudente hirondelle
    Ne craindra plus d'habiter nos climats.
    Viens donc, ma sœur, viens, et ne pleure pas !

Adieu, mon doux chalet, mes brebis, ma chaumière,
Petites sœurs, et vous, ma tant vieille grand'mère !
    Soir et matin priez pour vos enfants
    La Vierge Noire de Myans.

ADRIEN BOIMOND

DISAPPEARED SPRINGS

(LES PRINTEMPS DISPARUS)

Lorsque le voyageur, hors d'haleine, en silence,
Sous les feux de midi péniblement s'avance,
    Qu'éprouve-t-il au souvenir
De son heureux départ à l'aube près d'éclore ?
Sur son front ruisselant il croit sentir encore
    Passer un souffle du zéphyr.

Ainsi de mon midi quand la flamme brûlante
De mes pas fatigués rend la marche plus lente,
    Souvent, à l'horizon lointain,
Des printemps disparus elle évoque un mirage
Je respire un instant : je revois mainte image;
    Qui souriait à mon matin.

Je revois cette étroite et profonde vallée,
Où longtemps s'écoula mon enfance exilée,
    Et le Giffre au cours sinueux ;
Et de toits bien connus l'ardoise blanchissante,
Et chacune des cours partout retentissante
    Du bruit de mille cris joyeux.

Je revois cet asile, où des mains vigilantes
Cultivaient nos esprits, comme de jeunes plantes
      Qui mûriront dans d'autres lieux ;
Ce saint temple où du Christ la doctrine exposée,
Retombant sur nos cœurs en divine rosée,
      Nous dévoilait de nouveaux cieux.

Lorsque, jeune arbrisseau, je quittai ma colline,
Je sentis à mes pleurs que plus d'une racine
      Restait rivée au sol natal ;
Plus tard, souvent le fer d'émondeurs inhabiles,
En voulant retrancher mes rameaux inutiles,
      Blessa mon cœur d'un coup brutal.

Eh bien ! même ces jours, obscurcis par mes larmes,
Sous le prisme des ans revêtent quelques charmes,
      Et leur ombre flottant toujours
Sur mes vers transparents et ma limpide vie,
Sans y troubler du ciel l'image réfléchie,
      Glisse en se jouant sur leur cours.

Avec plus de bonheur je me rappelle encore
Ces jours tout rayonnants et de vie et l'aurore,
      Où l'essaim de mes compagnons,
De leurs bancs studieux secouant la poussière,
De notre étroit enclos franchissait la barrière
      Pour respirer l'air vif des monts.

Aux premiers feux du jour, en légères volées,
Nous prenions notre essor vers ces hautes vallées
      Où l'été ne rit qu'un instant.
Oiseaux longtemps captifs, échappés de la cage,
Nous mêlions dans les bois notre confus ramage
      Au gazouillement du torrent.

Quand juin dardait ses feux sur la route poudreuse,
Qu'il était doux d'entrer sous la forêt ombreuse
    Qui s'élève au penchant des monts,
Et de sentir enfin ses dômes de verdure,
Sur nos têtes semer leur ombre et leur murmure,
    Et baigner d'air frais nos poumons !

Je crois entendre encor, sous ces sombres portiques,
Du vent dans les sapins les voix mélancoliques
    Soupirer d'étranges concerts :
On dirait du Léman les rumeurs incertaines
Qui, la nuit, s'élevant de ses vagues lointaines,
    Planent et flottent dans les airs.

Nous voici sur le Pic... O ma belle Savoie,
De ce haut piédestal quel tableau se déploie,
    De lumière tout ruisselant !
Sous un voile d'azur vingt montagnes jaillissent,
Et, fils de tes rochers, le Giffre et l'Arve glissent,
    Traçant des méandres d'argent.

De tes Alpes je vois la chaîne qui s'élance,
Se déroule et se noue en un dédale immense,
    Et, dominant ce grand tableau,
Le front du roi des monts, si souvent noir d'orages,
Qui porte scintillants dans un ciel sans nuages
    Les diamants de son bandeau.

Sous l'éclat d'un ciel pur c'est la mer orageuse,
Dont le sein tantôt s'enfle en colline houleuse,
    Et tantôt se creuse en vallon,
Pendant qu'à gros bouillons la lame qui s'élève,
Accourt, blanchit et lance au-dessus de la grève
    Des flots d'écume à l'horizon.

Mais le soir sur ces lieux va répandre ses ombres ;
Déjà le flanc des monts prend des teintes plus sombres,
      Tout bruit meurt, le vallon s'endort.
Le soleil en quittant cette belle nature,
Laisse encore un instant flotter sa chevelure,
      Comme un linceul de pourpre et d'or.

Un jour, d'un autre mont j'escaladai la cime ;
Dirai-je mon transport au spectacle sublime
      Qui se déroulait sous mes yeux ?
C'était du bleu Léman la nappe étincelante,
Qu'effleurait du matin la brise caressante,
      Où se berçait l'azur des cieux.

Contemplant la splendeur de ce beau paysage,
Je me disais tout bas : « Du juste c'est l'image,
      Qui brille en ce val de douleurs.
Au vent des passions il peut flotter encore ;
Mais le ciel qui se teinte aux flammes de l'aurore
      En son âme peint ses couleurs ! »

Mais il fut entre tous un jour de vrai délire,
Où mon âme vibra, comme une sainte lyre,
      Dans des accords séraphins.
C'était sous les arceaux d'une antique chapelle,
Devant moi je sentis la présence réelle
      Du Roi des rois, du Saint des saints.

Pour la première fois, au chant de tes louanges,
Un lévite m'ouvrit la table de tes anges,
      Mon Dieu, j'approchais palpitant !
Pleine d'un tendre amour, la victoire divine
De sa croix descendit sur ma langue enfantine,
      Des élus célestes froment.

O jours de vieille foi, de douce souvenance,
Qui brillâtes si purs sur mon adolescence !...
    Quand votre lointaine lueur
Vient sourire à mes yeux, elle chasse le doute,
Mon pied ne heurte plus aux ronces de la route,
    Et je crois me sentir meilleur.

Car il faut bien songer qu'une main invisible
Sans bruit nous fait descendre une pente insensible,
    Puis nous emporte sans retour.
Que l'on arrive ou non vers le soir de son âge,
Il faudra déposer son bâton de voyage
    Sur le seuil d'un autre séjour.

Des temps évanouis visions printanières,
Dans mes rêves passez, passez, ombres légères !
    Si je perdais tout compagnon,
Dans ma route à mes pas soyez au moins fidèles,
Que le vent cadencé de vos deux blanches ailes
    Longtemps rafraîchisse mon front !

HENRY BORDEAUX

SON NOM

Rêvant tout haut, j'ai dit son nom
Dans les blés de taille inégale ;
Demi cachée, une cigale
Chantait une vieille chanson.

J'ai dit le nom de ma mignonne
A haute voix, en étourdi.
Alors à l'insecte j'ai dit :
« Ce nom, ne le dis à personne ! »

— Mais la cigale aimait un lys
Qui penchait sa tête charmante
Au bord d'une eau claire et dormante,
Et réflétait ses tons pâlis.

Un soir, à la fleur qui frissonne,
L'insecte (à qui donc se fier ?)
Très bavard, osa confier
Le nom divin de ma mignonne.

— Or le lys aimait un oiseau,
Une fauvette à tête noire
Qui venait sur l'étang de moire
Se percher au bout d'un roseau.

Dans une étreinte chaleureuse,
L'oiseau lui becquetant le cœur,
Le lys lui dit d'un air moqueur
Le doux nom de mon amoureuse.

— La fauvette dans un sentier
Fleuri de buissons d'aubépine,
Vit un beau soir une églantine
Sur une branche d'églantier.

Elle s'en éprit. Et, charmée,
Fit sa conquête un soir d'été,
Et pleine de loquacité,
Lui dit le nom de mon aimée.

— Par un matin frais et frileux,
Errant dans les châtaigneraies,
Elle a vu la fleur sur les haies,
Ma mignonne blonde aux yeux bleus.

Elle a pris l'aubépine blême,
Et la fleur au parfum discret
Lui dit, trahissant mon secret :
« Aime-le, car c'est toi qu'il aime. »

— Ce mot, ce grand mot important,
L'a-t-il fait pleurer ou sourire ?
— Je n'en sais rien ; je crois pourtant
Qu'il eût mieux valu ne rien dire !

LE JUIF ERRANT

I

Jésus portant sa croix, montait vers le Calvaire.
La foule, que le sang pouvait seul satisfaire,
Le suivait en hurlant, comme un tas de corbeaux ;
Et les yeux du Sauveur, aux doux regards si beaux
Que ceux qu'il regardait avaient le ciel dans l'âme,
Douloureux et pensifs, de pleurs voilaient leur flamme.
Il allait lentement, le chef défiguré
Et maculé du sang qui, de son front sacré,
Descendait sur la joue et pourprait la poitrine.
La flagellation, la couronne d'épine
Avaient ensanglanté son corps horriblement,
Et le Christ épuisé défaillait par moment.
Le peuple juif, aux fronts étroits, aux âmes dures,
Reniant l'Homme-Dieu, lui jetait des ordures ;
Et Lui, que harassait le fardeau de la croix,
Sur le sentier était déjà tombé deux fois.
« — Marche donc, marche donc, clamait la populace,
« Va ! tu souilles le sol où ton corps se délasse. »

Le sang du Christ coulait sur sa joue en long jet.

Devant lui, le chemin pénible s'allongeait.

II

Or, devant sa maison, sur un vieux banc de pierre,
Isaac Laquedem relevait la paupière
En entendant venir tout ce peuple hurlant.
Le Juif vit Jésus-Christ qui marchait à pas lent.
Le Sauveur, s'approchant, lui fit cette prière :
« Je suis las et j'ai soif. »

           « Arrière, arrière, arrière ! »
Vociféra le Juif en se levant tout droit.
« Va-t-en d'ici, va-t-en, tu souilles cet endroit !
« Ma maison tremblerait comme un arbrisseau frêle
« Si tu faisais un pas pour l'appuyer contre elle.
« Ton chemin est devant tes pas, suis ton chemin. »

Et marchant vers Jésus, le frappant de sa main,
Pour la troisième fois il le fit choir à terre.
« Marche, marche, dit-il, achève ton Calvaire. »

III

Jésus, se relevant, lui dit :
                    « Tu m'as chassé !...
« J'ai voulu te sauver et tu m'as offensé.
« Rien d'humain ne demeure en ton âme déchue :
« Tu m'as fermé ta main, qu'elle reste crochue :
« Me refusant ton seuil, marche, marche, as-tu dit ?
« Pour avoir prononcé ce seul mot, sois maudit !
« C'est trop tard maintenant pour demander ta grâce ;
« Ma malédiction pèsera sur ta race.
« Ah ! tu m'as dit : « Va-t-en ! » C'est toi qui marcheras
« Sans cesse devant toi, sans avoir de trépas.
« Prépare ton bâton de route, ta sandale ;
« Car, à travers les temps, comme un vivant scandale,
« Tu tendras ta main sèche au monde indifférent,
« Eternel voyageur, va, sois le juif errant.

« J'avais soif, et ta main m'a refusé le verre ;
« Tu videras aussi la coupe du Calvaire.
« J'étais las, sur ton seuil je n'ai pas pu m'asseoir :
« Va-t-en, tu marcheras jour, nuit, matin et soir.
« Tu n'as pas avec moi porté ma croix trop lourde :

« Quand tu l'imploreras la terre sera sourde.
« Tu m'as tout refusé, même ton escabeau :
« Je te refuse, moi, pour dormir un tombeau !
« Va ! tu peux embrasser tes enfants et ta femme ;
« Toi qui blasphémas Dieu par un refus infâme,
« Trouvant le Roi des rois pour toi trop criminel,
« Ce soir commencera ton voyage éternel.
« Quand le jour finira sa tâche coutumière
« Les étoiles au ciel montreront leur lumières,
« Et, désignant la route à ton œil agrandi,
« Elles te rediront toutes : Marche, maudit !
« L'aube qui paraîtra dans le levant d'opale,
« Eclairera demain ton front livide et pâle,
» Et te montrant le sol où le jour resplendit,
« Elle répétera : Marche, marche, maudit !

« Tu verras les saisons, les mois et les années,
« S'effeuillant lentement comme des fleurs fanées,
« Paraître tour à tour, ridant ton corps raidi,
« Et moqueuses, te dire en passant : Va, maudit !

« Les mers qui te verront passer, vieux patriarche,
« Te diront par la voix des flots : Va, maudit, marche !

« Jusqu'à la fin des temps, va marche devant toi ;
« Ta tête pour dormir n'aura jamais de toit,

« Tu t'en iras, toujours debout, parmi les mondes,
« Traversant les cités, les campagnes fécondes,
« Toujours marchant, toujours courbé, toujours proscrit,

« Ayant été celui qui chassa Jésus-Christ.

« Tu seras sans maisons, sans foyer, sans patrie.
« Prends l'argent si tu veux, rends la terre appauvrie,
« Mais ne lève jamais ton regard vers le ciel.

« Tu ne pleureras pas : les larmes sont un miel,
« Qui rend au cœur humain plus douces les blessures.
« Quand ton âme sera pleine de meurtrissures,
« Les pleurs sont un calmant, tu ne pleureras pas.

« Tu marcheras ainsi sans avoir de trépas ! »

Lors, ayant exercé sa justice sévère,
Jésus recommença de gravir le Calvaire.

Dans le ciel d'Orient, comme la nuit tombait
Recouvrant le Sauveur en croix sur son gibet,
N'ayant plus de foyer, n'ayant plus de patrie,
Isaac Laquedem partit, l'âme meurtrie.

IV

Depuis ce temps fatal, les juifs courbent le front.
Jésus leur ayant dit d'errer, ils erreront.
Leur nation est morte et leur race est déchue.

Le nez crochu, les yeux crochus, la main crochue,
On les reconnaît rien qu'à l'odeur : on les sent.
Mais ils ont l'or, ils ont de l'or au lieu de sang.

Ils ont été chassés de France, d'Angleterre,
D'Espagne, de Sicile et de toute la terre.
Ils ont étiqueté leurs moments douloureux ;
Puis leur heure est venue. Ayant l'argent pour eux,
Ayant pompé tout l'or des peuples pitoyables,
Ils se sont relevés tout-puissants, effroyables,
Ayant aux nations pris leur bien,
Disant : Nous achetons la liberté, combien ?
Car le Juif est partout où l'argent se ramasse ;
Quand un peuple se peut sucer, il vient en masse,

Il n'a point de scrupule et de tout il se sert.
L'Allemagne a le Juif au cou comme un cancer :
Le czar russe a le Juif qui ronge son empire,
La France est une proie aussi du Juif-vampire.
Il est faux monnayeur, fripon, banqueroutier,
Larron, usurier, voleur, enfin... banquier !
Le bandit à côté du juif n'est qu'un fantôme.
Il a créé ceci : le voleur honnête homme !
Vermine de la terre, adorant le Veau d'or,
Quand on lui crie : Assez, le juif répond : Encor !
Ayant pour les chrétiens la haine héréditaire,
Il leur laisse le ciel ayant pour lui la terre,
La terre se vendant toute pour de l'argent.

Etant vil, mais pervers, bas mais intelligent,
Pour avoir la richesse il fait toute besogne :
Il cherche l'or parmi le fumier sans vergogne ;
Il tend la main, sachant ce que valent les liards.
Maintenant les cinq sous du juif sont milliards.
Il tondrait sur un œuf, dépouillant pauvre ou riche ;
Quand il prête, il usure, et quand il joue, il triche.
Il possède Paris, Vienne, Moscou, Berlin,
Le monde, étant au Juif, est près de son déclin,
A moins que, rappelant la terrible parole,
Le monde révolté n'accomplisse son rôle
Et ne répète enfin ce que Jésus a dit :

« Tiens, Juif, prends tes cinq sous, et va, marche, maudit ! »

JEAN BERLIOZ

L'AVENIR
Dédié à mon compatriote et ami J. Rubellin, artiste peintre.

I

L'avenir, c'est la moisson blonde,
Et le raisin sous le pressoir ;
C'est la paix rieuse et féconde,
Et le grand chemin de l'espoir.

C'est l'enfant qui grandit encore,
C'est le nid dans le buison vert,
C'est la fleur éclose à l'aurore,
C'est l'oasis dans le désert.

L'avenir c'est l'ami fidèle
Dont chaque être attend le retour,
C'est le printemps, c'est l'hirondelle,
C'est le premier rayon du jour.

C'est l'étoile qui veille et brille
La nuit, dans les cieux infinis.
C'est le phare au loin, qui scintille,
Et rit aux horizons brunis !

L'avenir, c'est la délivrance
C'est la sainte fidélité,
C'est la revanche de la France
Par la paix et la liberté !

C'est tout ce que notre âme espère
Et demande aux illusions,
Tout ce qu'en un lointain prospère,
Font miroiter les visions

A vingt ans, c'est la folle ivresse
D'un discret serrement de main,
C'est un doux baiser de maîtresse,
Attendu pour le lendemain !

C'est la vie encore toute pleine
De désirs et de volupté !
C'est l'âme ingénue et sereine
Voguant vers un port enchanté !

II

C'est bien souvent un rêve immense
Qui nait et meurt en un seul jour ;
C'est tout ce que dans sa démence,
L'homme trouve et perd tour à tour !

L'avenir, c'est l'âme meurtrie,
C'est l'horizon devenu noir,
Le fruit tombé, la fleur flétrie,
C'est le présent privé d'espoir !

C'est la nacelle abandonnée,
La brusque séparation,
Le dernier chant de la journée,
Et l'amère déception !

C'est avril aux nuits étoilées,
Dans les aubes, mortels rayons,
Aux pauvres branches désolées
Brûlant les précoces bourgeons !

C'est la grêle, c'est le naufrage,
C'est la sombre infidélité,
C'est la douleur, c'est l'esclavage
Pour qui voulait la liberté !

C'est le ciel perdu de la France,
C'est le doute oppressant l'amour,
C'est le regret, c'est la souffrance,
C'est l'exil vivant du retour !

C'est parfois le rouge incendie,
Et la chaumière en lambeaux,
C'est la vieillesse qui mendie
Sur les routes, près des hameaux !

C'est la plaine qui n'est plus verte,
Et le deuil glacé des hivers,
C'est la pauvre maison déserte
D'où sont parti les êtres chers !

C'est l'oubli plus prompt que la gloire :
Après Austerlitz, Waterloo.
Sédan, après Solférino !
La honte effaçant la victoire !

III

L'avenir, ô mon Dieu, c'est tout ce qui n'est plus,
Tout ce qu'on adorait naguère,
Tout ce que nous couvrons de regrets superflus...
L'avenir, parfois c'est la guerre !

La guerre?... eh oui! la guerre!... On entend de nouveau
    Retentir cette clameur sombre ;
Et, lugubres viveurs, le vautour, le corbeau,
    De joie ont croassé dans l'ombre !

Aux armes !... l'ennemi s'avance au loin, là-bas !
    Paysans, bourgeois, aux frontières !
Accourez ! accourez ! le funèbre trépas
    Tressaille au fond des cimetières !
Accourez au carnage, accourez par milliers,
    Vous qui travaillez, vous qu'on aime,
Vous qui chantez encore au sein des ateliers,
    Vous qui, dans un adieu suprême

Etreignant au départ, les mères en pleurant,
    Vous dont les épouses sont fières,
Vous que l'aïeul contemple et bénit en mourant,
    Vous qu'embrassent les petits frères,

Vous que la fiancée attend, vous dont la voix
    Retentit, le soir, dans la forge,
O vous tous qu'on a vu tout enfant autrefois,
    Partez !... C'est l'heure où l'on s'égorge !

IV

Horreur ! l'ombre est venue, horreur !
La lutte infâme est terminée,
Les balles ont fait leur journée,
Les vautours vont faire la leur !

Et, tandis qu'au lointain la victoire
Résonne aux bouches des clairons
Le bruit des débris d'escadrons
Qui rentrent, meurt dans la nuit noire !

Puis l'on entend des cris affreux
De désespoir et d'agonie...
Mères, la bataille est finie,
Voici les morts, venez vers eux !

Ces râles, ces plaintes funèbres,
Ces adieux sourds et déchirants,
Ces lambeaux de chair, ces mourants
Qui se tordent dans les ténèbres,

Eh bien ! tous ces corps enlacés,
Sanglants, et que la pâle lune
Eclaire parfois sur la dune,
Ce sont ceux qu'au départ vous avez embrassés !

V

O guerre, espoir sombre et terrible,
Réveil effroyable, ô mon Dieu :
Livre dont chaque page horrible
Suinte le sang et le feu,

Voici donc ton œuvre accomplie !
Et les prés verts, et les moissons,
Et tous les trésors de la vie,
Les sourires et les chansons,

Et les doux foyers où l'on aime,
Et les beaux rêves de bonheur,
Tout, dans cette étreinte suprême,
A succombé sous la douleur !

La victoire a son revers sombre :
Près du deuil, la gloire pâlit,
Et le laurier se meurt à l'ombre
Du noir cyprès qui l'envahit :

Seigneur, cet effroyable orage
Qui vient de s'abattre sur nous,
Cette hécatombe, ce carnage,
Est-ce l'effet de ton courroux?

S'il en est ainsi, grâce! arrête!...
Car les étendards triomphants
Qu'on voit flotter aux jours de fête
Restent rouges encor du sang de nos enfants!

VI

Or un jour, cependant, c'était la grande guerre,
  Et nos mères en pleurs tout bas
Nous disaient : — « La patrie, encor plus que ta mère,
  « Attend le secours de ton bras.

« Elle râle et se tord sous la sanglante étreinte
  « Du Germain farouche et vainqueur,
« Allons, vite, ô mon fils, pars! C'est la guerre sainte,
  « La vieille Gaule saigne au cœur! » —

Et nous courûmes tous aux armes... La déroute
  Décima nos rangs éperdus!
Nous n'étions pas vaincus, tu le sais, Prusse! Ecoute,
  Des lâches nous avaient vendus :

O patrie, ô ma mère, ô cent fois plus encore,
  Tant que l'aube, au lointain levant,
Dans un disque empourpré verra rougir l'aurore,
  Tant que les ondes et le vent

Hurleront dans les nuits sombres, pleines d'orage...
  Tant que le vieux Rhin coulera
Sur deux bords allemands, une implacable rage
  De vengeance en nous grondera!

VII

> Alors éclatera le « *furor Teutonicus* ».
> BISMARCK, au Reichstag, 1888.

O Bismarck, est-il vrai qu'à l'Europe atterrée
Tu viennes de jeter un éclatant défi ?
Est-il vrai que, léchant tes bottes à l'envi,
Tous les nouveaux valets attendent la curée ?

Est-il vrai, qu'oubliant l'affront de Sadowa,
L'Autriche dans tes bras, s'abandonne avilie ?
Est-il vrai qu'à tes pieds se jette l'Italie,
Bien plus coupable encore, oubliant Magenta ?

Est-il vrai que, rêvant d'agrandir ta conquête,
Et doutant tout à coup de nous avoir vaincus,
Tu lances ton fameux « furor Teutonicus » ?
En menaçant quiconque ose lever la tête ?

Eh bien, sache à ton tour que nous ne tremblons pas !
Des Vosges à la mer, du Rhône à la Garonne,
La « furia » française à la valeur Teutonne
Est prête à disputer le terrain pas à pas !

« Furor Teutonicus », ce mot, à nos oreilles
Sonne comme un vieux nom de barbare Germain;
Comme un refrain sanglant des lâches qui demain
Voudraient recommencer les horreurs de Bazeilles !

Oh ! de ton héroïsme, et de tes fiers guerriers,
Des Steinmetz, des Werder, chez vous couverts de gloire,
Nous Français, nous avons gardé bonne mémoire,
Car le meurtre et le vol ont souillé leurs lauriers !

A part Dieu que tu fais *ton* dans ton impudence,
« Je ne crains rien, dis-tu, le roc rit de la mer... »
Or, prends garde ! déjà gronde en son gouffre amer,
Le volcan du mépris, brisant ton insolence !

Tremble à ton tour, Bismarck, prince qui n'es que sbire,
Ta vieillesse verra, sur ton peuple maudit,
Ce double châtiment éclater, ô bandit :
Nous revenir l'Alsace... et crouler ton empire !

VIII

En 18.. ?
Au Lion de Belfort
« Rugis, pour rappeler ses devoirs. »
F. Coppée.

Lambeau sacré de terre, à la France laissé,
Gage de sa bravoure, et de son héroïsme,
Symbole de revanche et de patriotisme,
O Belfort, es-tu prêt à venger le passé ?

Terre des lointains bleus, et des sombres abîmes,
Sens-tu grandir la haine, étrange volupté,
Gronde-t-elle plus fort, en ton corps irrité ?
Quel est ce long frisson qui passe sur tes cimes !

O grand garde sublime, est-ce enfin l'ennemi ?
J'ai vu ramper une ombre, à tes pieds, fauve et blême,
Est-ce l'alerte sainte, est-ce le jour suprême
Où la revanche accourt près du Rhin endormi ?

O Lion de Belfort, as-tu rugi ? J'écoute !...
A travers les grands bois, au loin, bien loin, là-bas,
J'entends une clameur, j'entends des bruits de pas...
Est-ce l'heure ?... Une voix répond :
— « Oui, France, en route ! »

JEAN-FRANÇOIS BLANC

AUX GRECS

> O liberté ! puissions-nous bientôt
> te revoir sur la terre ; ou que nos
> ombres aillent s'unir aux ombres
> des guerriers qui ne sont plus.
> Lord Byron.

Je ne suis pas esclave ! a crié le Poète
Quand tout seul il rêvait aux champs de Marathon ;
« Dans la terre sacrée où naquit Apollon,
« La tombe du Persan peut-elle être muette ? »

Assis sur le rocher qui domine les flots,
Un monarque comptait au lever de l'aurore,
Ses superbes guerriers et ses nombreux vaisseaux ;
Quand bientôt le soleil descendait sur les eaux
    Dites, existaient-ils encore ?...

Où sont-ils aujourd'hui ?... Vous-mêmes, ô Vainqueurs !
Où sont les souvenirs des jours de votre gloire ?
Ah ! la gloire a cessé de battre dans vos cœurs,
Et vous ne chantez plus vos hymnes de victoire.

Peuple de Miltiade ! ô peuple humilié !
Dé ta Grèce autrefois et si fière et si belle
Hélas ! que reste-t-il ?... un regard de pitié,
Un sentiment de honte, une larme sur elle :.

Quand nos pères jadis ont su vaincre et périr,
Ne saurons-nous verser que des pleurs inutiles,
Nous contenterons-nous seulement de rougir ?
Terre entr'ouvre ton sein, rends-nous nos chefs habiles !
Rends-en trois des trois cents pour combattre et mourir,
Et pour renouveler l'exploit des Thermopyles !...

Les mort ont tressailli dans leurs tombeaux profonds...
Qu'entends-je ? des héros, l'ombre s'est attendrie !
Comme un torrent lointain leur voix s'avance et crie :
« Qu'un seul vivant se lève ! un seul ! nous accourons » !
C'est en vain : les morts seuls pleurent sur la patrie.

C'est en vain : préludez à des chants plus joyeux !
De Samos apportez la liqueur enivrante !
Exprimez de Scio la grappe bienfaisante,
Et laissez les combats aux Pachas belliqueux !

Mais silence ! écoutez ! à cet appel honteux
Des Grecs, entendez-vous répondre la Bacchante ?
« Il vous reste aujourd'hui la danse de Pyrrhus
» O Grecs ! de sa Phalange, où sont allés les braves ?
« Il vous reste aujourd'hui les lettres de Cadmus ;
« O Grecs ! les créa-t-il pour un peuple d'esclaves ?... »

Mais pourquoi réveiller de pareils souvenirs ?
De Samos apportez la liqueur enivrante,
Anacréon lui dut les immortels soupirs,
Et les chants gracieux de sa lyre galante.

Il chantait Polycrate, il servait les tyrans !
— Polycrate, un tyran ?... oui, mais alors nos pères
Citoyens, n'avaient pas de maîtres insolents,
Et nos rois généreux savaient être nos frères....

Qu'on apporte la coupe et le vin de Samos !
Suli sur ses rochers, Pargo sur son rivage,
Nourrit encore, dit-on, un reste de héros,
Qui de la Grèce en deuil méconnaît l'esclavage ;
      Fils de nos mères d'Orient
Comme Léonidas ! demi-dieux intrépides,
Chez eux, peut-être ont-ils un rejeton brillant
Que pourrait avouer le sang des Héraclides.

Qu'on apporte la coupe et le vin de Samos !
Mêlons-nous sous l'ombrage aux danses innocentes
      Des vierges de Scyros !
J'admire leurs yeux noirs et leurs grâces charmantes...
Femmes ! vos jeux n'ont pu m'étourdir sur nos maux ;
J'ai vu des pleurs rouler dans les yeux de nos braves,
      En pensant que vos seins si beaux,
Doivent peut-être un jour allaiter des esclaves...

Allons à Sunium ! car le jour va finir ;
Je veux au bruit des flots mêler ma voix flétrie ;
Laissez-moi comme un cygne et chanter et mourir !
Terre esclave jamais ne sera ma patrie !

R. P. FRANÇOIS BOUCHAGE

LA MÉDAILLE DU SOLDAT

Viens donc, viens, pauvre enfant! puisque l'affreuse guerre
T'arrache à mon amour et te voue à la mort;
« Pour la dernière fois, laisse ta vieille mère
« T'embrasser, te bénir, pleurer ton rude sort.
      « Mais toi, pour la bataille,
      « Tiens, prends cette médaille. »

Ainsi parla ma mère, et moi? deux grosses larmes
De mes yeux obscurcis roulèrent sur sa main,
Mon cœur crut éclater..., défaillant sous mes armes.
Pâle, brisé, muet, je pris le grand chemin
      Pour la grande bataille,
      Emportant ma médaille.

J'allais, sans même oser regarder en arrière...
Pour tromper la douleur, essayant ma chanson...
Hé! quel fils peut chanter, quand il quitte sa mère?...
Ma voix dans mon gosier ne rendait aucun son...
      J'allais à la bataille,
      Regardant ma médaille.

Soudain le vent m'apporte un bruit de voix forcées
C'étaient cent compagnons au délire brûlant
Qui, des monts descendus en bandes dispersées,
S'en allaient comme moi grossir le régiment.
   Moi, rêvant de bataille,
   Je pressais ma médaille.

Sans souci, comme on l'est dans le feu de l'ivresse,
Ils marchaient blasphémant et hurlant tour à tour.
« Profitons, disaient-ils, jouissons, le temps presse.
« Et qu'importe la mort?... il faut mourir un jour ! »
   Songeant à la bataille,
   Je cachais ma médaille.

C'était dix jours après... Minuit : le clairon sonne.
« Soldats, crie une voix, debout, il faut partir !
« Entendez-vous là-bas ? là-bas, le canon tonne !
« Si nous sommes Français, allons vaincre ou mourir ! »
   Sans craindre la bataille,
   Je baisais ma médaille.

Et comme un tourbillon qui s'abat sur la plaine,
Nous marchons jusqu'au jour, haletants, mais sans peur ;
Pareils aux vieux martyrs, on nous voit dans l'arène,
Fidèles au drapeau, descendre ivres d'ardeur.
   « Du cœur à la bataille ! »
   Me disait ma médaille.

On arrive, on engage ; et parmi la fumée,
La poudre, les obus, le massacre, les cris,
Bientôt la pâle Mort, attisant la mêlée,
Entasse morts sur morts et débris sur débris.
   Moi, fier en la bataille,
   J'invoquais ma médaille.

Et les balles sifflaient comme un vent de tempête,
Et la mort moissonnait... Moi, j'avançais toujours,
Je combattais sans peur ; car en levant la tête,
Au ciel, j'avais cru voir : « *Perpétuel secours.* »
        Je vis dans la bataille
        Le prix de ma médaille.

Et quand le soir venu, l'on eut crié : Victoire !
Quand la voix des clairons eut fait cesser le feu,
Je cherchai, mais en vain, mes compagnons de gloire :
Ils étaient morts, hélas ! ceux qui blasphémaient Dieu !
        Depuis cette bataille,
        Je porte ma médaille.

CHARLES BURDIN

L'AURORE

> Je te mets au défi de dépeindre cette aurore
> Qui s'avance.....
>
> G. Mathieu.

Une faible clarté blanchit sur les hauteurs,
Un souffle emporte au loin les alpestres senteurs
    Des plateaux couverts de rosée.
Sur les massifs voisins, teintés de violet,
Flotte un nuage étroit, bordé d'un riche ourlet
    De lumière pâle et rosée.

Le jour vient, déchirant les voiles de la nuit,
Des cimes aux vallons son jeune éclat poursuit
    Et chasse les dernières ombres ;
On voit fumer la gueule énorme des ravins,
Comme si leurs bas-fonds recélaient des levains
    De feu, couvant sous des décombres.

Tout se réveille aux cris des vieux coqs villageois
Pour saluer le jour, le chanter dans les bois,
    Dans l'air les martinets rapides ;
Tendant leur puissant muffle au vent chargé de thym,
Les taureaux des chalets mugissent au matin,
    Sur le penchant des prés humides.

Spectacle dont l'éclat monte et toujours grandit,
Au levant radieux, l'aurore resplendit,
    Immense gerbe de lumière ;
Ses beaux rayons d'argent, d'or et de clair acier,
Dardés sur l'horizon, font flamber un glacier,
    A la cime la plus altière,

Tandis que la vallée, en proie à la torpeur,
Semble encore dormir, sous la mer de vapeur
    Qui la couvre, houleuse et dense,
Le soleil apparaît dans les cieux embrasés :
Son disque éblouissant, sur les monts irisés,
    Altéré de brume s'avance.

LA FORÊT

A Victor Hugo.

Jusqu'aux pieds des riants pâturages alpins
De profondes forêts de hêtres, de sapins
    Montent comme une sombre armée ;
Leur foule, qui se presse en d'éternels assauts,
Escalade les monts de ressauts en ressauts,
    Par les ouragans décimée.

Droits et frustes, pareils à d'antiques piliers,
Sous leur voûte les troncs s'élèvent par milliers,
    Temple aux colonnades confuses ;
Un bruit continu, sourd, arrive incessamment
Des cascades, pareil au lointain grondement
    De diluviennes écluses.

Pour étouffer les pas, en ces lieux vénérés,
La mousse étend partout ses tapis diaprés
    De végétations étranges ;
Accrochés aux grands bras lassés et vermoulus
Des arbres les plus vieux, des lichens chevelus
    Tissent dans l'air de pâles franges.

O bois mystérieux, votre charme infini
Me transporte et fait naître en mon cœur rajeuni
    L'enivrement d'un dieu sylvestre :
Je m'égare au hasard, écoutant les oiseaux,
Le vent, l'insecte ailé, la voix grave des eaux
    Formant un indicible orchestre.

J'enlace follement les arbres dans mes bras,
J'erre sans but, frôlé par le vol des tétras
    Qui s'effarouchent de mes courses.
Mes grands cris par l'écho sont partout répandus ;
Puis lassé, sur le sol, les membres étendus,
    Je bois longuement l'eau des sources.

Là, bien loin des ennuis et des soucis humains,
Je m'oublie un instant la tête dans les mains,
    Les paupières à demi closes ;
Et bientôt ma pensée, en ce vague sommeil,
S'enfuit aux beaux pays de l'Idéal vermeil
    Dans les horizons bleus et roses.

Fleur de la rêverie, aimables visions,
Pour que mon cœur s'abreuve à vos illusions,
    Remplissez la forêt déserte
Dont les hêtres touffus et les sapins altiers
Tamisent sur la mousse et les étroits sentiers
    Une tendre lumière verte.

La feuille frissonnante et les secrets ruisseaux
Semblent me chuchoter, sous ces mouvants arceaux,
    Des choses jadis entendues ;
Entre mes cils baissés, un paresseux regard
Suit un songe flottant qui se joue au hasard
    Dans les ramures suspendues :

Chers souvenirs anciens, fantômes familiers,
Rires vibrants et clairs des jeunes écoliers,
    Transports naïfs de mon enfance ;
Extase des baisers et des enlacements
Alanguis et furtifs des timides amants,
    Poëmes de l'adolescence ;

Enchantement des jours depuis longtemps passés,
Effluves d'autrefois, doux profils effacés
    Dont l'image flotte incertaine,
Au fond de mon esprit quand je ferme les yeux,
Mémoire des amours calmes et radieux,
    Parfums d'une époque lointaine,

Ressuscitez en foule : — Il me faudra demain
Regagner l'insipide et douloureux chemin
    Que chacun trace dans la vie ;
L'horizon est bien triste et mes pieds sont meurtris :
Rafraîchissez mon cœur, souvenirs attendris
    De la route autrefois suivie !

LES MARES

> Aux étoiles j'ai dit, un soir :
> « Vous ne paraissez pas heureuses ;
> Vos lueurs, dans l'infini noir,
> Ont des tendresses douloureuses. »
> Sully-Prudhomme

Aux bords des mares, dans la nuit,
On voit glisser des silhouettes.
Dans les roseaux et sous les branches
Où se rassemblent les chouettes
A l'aube des aurores blanches.
Lentes foules silencieuses,
Ondulant loin des yeux profanes,
Ces pâles formes gracieuses,
Parmi les brouillards diaphanes,
Se perdent quand la lune luit,

Un ciel scintillant de points verts,
Comme un sombre manteau magique
Estompé dans la vapeur grise,
Surplombe ce décor tragique.
L'eau par divers endroits s'irise
D'un chatoiement de nacre noire.
Loin des importunes lumières,
Ceux dont les cœurs sont morts vont boire
De l'air aux rives des tourbières,
Et percevoir d'obscurs concerts,

Les spléniques et les rêveurs
De mainte œuvre philosophale,
Tous les soirs, aux bords des eaux brunes,
S'en vont rafraîchir leur front pâle.
Martyrs aux lourdes infortunes,

Ces amants des désespérances,
Que bourrèlent d'âpres tristesses,
Sont attachés à leurs souffrances
Ainsi qu'à de jeunes maîtresses
Sont rivés les vieillards viveurs.

Au bord des mares, dans la nuit,
On voit glisser des silhouettes
Dans les roseaux et dans les branches
Où se rassemblent les chouettes
A l'aube des aurores blanches.
Lentes foules silencieuses
Ondulant loin des yeux profanes,
Ces pâles formes gracieuses
Parmi les brouillards diaphanes
Se perdent quand la lune luit.

LA FIN DU JOUR

> ..... L'ombre de mes beaux jours
> Mélancoliquement s'allonge
> Vers le passé.....
> G. Mathieu.

Tout au faîte des monts, dans sa course éternelle,
Le grand soleil s'abaisse au couchant radieux ;
Sur les glaciers voisins sa lumière étincelle,
Baignant de flammes d'or les dômes sourcilleux.

    L'air est pur comme un lac sans ride.
Des aigles, dans le ciel, se croisent, tournoyant
Dans un cercle qu'ils font plus court et plus rapide,
    Et plongeant d'un vol effrayant.

Vers l'orient, plus beau qu'à la vermeille aurore,
Passent, avec lenteur, des nuages cuivrés ;
Sur les profonds ravins, où la nuit vient d'éclore,
Glissent, en s'enfuyant, des rayons égarés.

    Les troupeaux, quittant la pâture,
Sonnent, sur les plateaux, un carillon diffus
Qui descend jusqu'au val, et ce grêle murmure
    Se perd au sein des bruits confus.

Gravissant les hauteurs, éteignant les feuillages,
Le soir vient ; la colline éclairée à demi,
Voit la pourpre aux sommets, et l'ombre aux marécages.
Sous la forêt, l'oiseau déjà s'est endormi.

    Dans les ramures frémissantes
La brise, qui fraîchit, prend des parfums légers,
Et passe, en bruissant, comme les eaux courantes
    Des petits ruisseaux bocagers.

Entre les sables gris où coule la rivière
Au fond de la vallée, une rouge lueur
Rampe, suivant du lit la marche irrégulière,
Puis s'argente et bientôt se fond dans la vapeur.

    A l'entour des prochains villages
On entend des noëls sur les beaux airs dolents,
Et les cris des bouviers, pressant leurs attelages,
    S'élèvent sonores et lents.

Le couchant s'obscurcit, sa pompe triomphale
Sur d'autres monts flamboie, et l'azur embruni
Laisse en ses profondeurs paraître un croissant pâle
Dont l'étrange profil monte dans l'infini.

    L'horizon s'embrouille et s'efface ;
La nuit gagne et partout le silence s'étend,
Un son lointain de cloche arrive par instant,
    Tout entier le marais coasse.

FRANÇOIS ARNOLLET

LA FIN DU VIEIL ALPINISTE

D'un bond, — d'un seul, — la bête a sauté dans l'espace,
Du haut du pic livide où se fronce la glace
Comme un morne sourcil interrogeant un trou...
— Est-ce défi, vertige, où des chasseurs qui passent ? —
Car pour descendre ainsi quatre gouffres d'un coup,
Il faut être un homme ivre, — ou bien... un chamois fou !

— Mais le voici, tombé tout au bas du mur lisse, —
Dans un vallon neigeux entr'ouvert en calice,
Que le glacier fleurit de pétales géants,
Et dont le cœur d'argent, inviolé, se plisse
En gouffres bleus, semblant les soupiraux béants
Des cachots où seraient enchaînés les Néants...

Il gît là, sur le flanc, au bord de la roture,
Comme dorment les vieux chamois au bon soleil,
Se moquant des chasseurs du bout d'un pic vermeil...
— Avec l'air de souffler d'une course un peu dure,
Un frisson de repos passe dans sa fourrure ; —
Il dort bien, le vieux !... dam ! c'est son dernier sommeil.

Mort?... oui bien ! — assommé comme un bœuf par ce vide, —
Raide comme un Goliath sous une Alpe abattu !...
Comment donc a-t-il fait, l'alpiniste cornu ?
— Tué, lui, le *chamois*, frère du vent rapide,
Qui, regardant en bas de son grand œil limpide,
Demandait dédaigneux aux gouffres : « Que veux-tu ? »...

Car c'était un vieux bouc quasi-célibataire, —
De ces désabusés du ciel et de la terre
Qui passent seuls, et n'ont pour tout qu'un froid mépris...
Léger d'illusions, lourd d'ans, le solitaire
Comptait bien des anneaux aux bois, bien des poils gris ; —
Qui sait, dans tant d'hivers, ce qu'il avait appris ?...

Il avait été jeune, et naïf, et superbe, —
Bu dans les clairs ruisseaux, et folâtré dans l'herbe, —
Aimé les chèvres, — oui, les folles aux doux yeux ; —
Il avait été roi du glacier, lui, l'imberbe, —
Et c'est lui, le plus beau, dont les bonds gracieux
Guidaient la troupe agile au loin des déserts bleus...

— Un soir, — voici quinze ans, — les neiges étaient roses,
Le jour saignant fuyait des gorges déjà closes,
Les chamois reposaient, sur des névés blottis...
Quand trois éclairs tonnants, d'un vallon noir sortis,
Aux pieds du bouc dormant du grand sommeil des choses,
Vinrent tuer sa chèvre avec ses deux petits...

Lui s'était élancé, tout seul, fou de surprise,
Lâche soudain devant cette foudre incomprise, —
Impuissant, voulant fuir, — et regardant encor...
— Des couteaux éventraient vive la chèvre grise,
Et la pauvre bêlait tristement à la mort,
Et trois chasseurs buvaient son sang aux reflets d'or...

— Il s'était souvenu, — puis vengé, le vieux mâle !
Sa vengeance fut lente, et terrible, et loyale ;
Voici comment il s'y prit... Onze saisons durant,
Alentour des chalets on put le voir errant, —
Toujours atteint par l'œil, et jamais par la balle, —
Appât toujours mortel, et toujours se montrant.

Les chasseurs le suivaient dans l'Alpe meurtrière, —
L'Alpe, pour lui, royaume, — et pour eux, cimetière, —
Amante aux bras glacés épuisant les plus forts...
— Onze ans avaient suffi pour l'œuvre toute entière...
La chèvre et les petits pouvaient dormir, dès lors ; —
Compte fait, — trois pour un, — neuf chasseurs étaient morts.

Sous un quartier de roc détaché par la bête,
Reins et fusils tordus, la ventraille en avant,
Les premiers dans un gouffre avaient pris le devant ; —
Cinq, le bouc les avait livrés à la tempête ; —
Et l'autre était resté pendu dans une crête
Où la Peur et la Faim l'avaient mangé vivant !...

— A neuf, il s'arrêta, n'ayant pas de rancune...
Et dès lors il allait, philosophe profond,
Sachant tout, voyant tout, ne trouvant rien de bon, —
Méprisant à l'égal et la terre et la lune,
Dormant en plein midi sur la neige commune,
Le ventre au chaud, la tête à l'ombre du vieux mont.

Exilé volontaire, il passait sur le monde,
Voyant au fond des vals, d'un œil qui ne sait pas,
Le chamois, cette vie, et l'homme, ce trépas ; —
Regardant, dédaigneux, dans sa pitié profonde,
Verdir l'alpage d'or, murmurer la jeune onde,
Et le chevreau téter la chèvre aux doux appas.

Rien ne l'émouvait plus : — ni l'immensité blanche,
Ni les pics insolents couronnés de matin,
Ni les couchants de feu sur les glaciers lointains,
Ni les ravins croulants sous la roche qui penche,
Ni les gouffres béants et verts, ni l'avalanche,
Ni l'amour, ni la vie, — et la mort encor moins...

— Il ne rit qu'une fois : sur la crête hautaine
Où le doux pays franc rejoint la sœur romaine,
En voyant, au-dessous, des humains furieux,
Hissés au mur alpin qu'ils ébranlaient de haine,
— A défaut de chamois, bien sûr, les malheureux ! —
S'apprêter frémissants à se tuer entre eux !

Il sourit, en disant : « Chacun son tour, en somme !
L'un nous venge sur l'autre, — et c'est un sot propos
Qui dit qu'entr'eux les loups ne gâtent pas leurs peaux ; —
Bah ! bah ! rassurons-nous, vieux chamois que nous sommes ! »
Et le grand bouc moqueur murmurant : « Pauvres hommes ! »
Tranquille et ricanant, cheminait sans repos.

Et sur le mur branlant qui, du Danube à l'Ebre,
S'abaisse en flancs profonds et se dresse en vertèbres,
— Fil des reins de l'Europe éparse à ses côtés, —
Grimpant tel pic obscur après tel pic célèbre,
Il allait, Juif-Errant coureur de sommités,
Chassant l'Alpe publique et les virginités.

En somme, il avait fait de l'Alpe sa maîtresse, —
Compagne dure et froide, et veuve comme lui,
Qui payait son amour d'un magnifique ennui ; —
Vieux loup des mers d'en haut, il y trottait sans cesse,
Et ne leur demandait, dans sa fière détresse,
Que du soleil, le jour, — de la neige, la nuit...

— Un jour, il eut assez de ses courses sublimes,
De ses froides amours, — et devint inquiet...
Se sentant pris soudain du vertige des cimes,
Fatigué de splendeurs, de lumière et d'abîmes,
Il s'aperçut, le vieux, que la mort l'oubliait ; —
Il avait fait son temps, et, dam ! il s'ennuyait ; —

Il avait assez vu ces monts, toujours les mêmes,
Et ce même soleil, ces mêmes glaciers blêmes,
Tourner autour de lui dans un cercle connu ; —
Seul, inutile, usé, n'aimant rien, rien qui l'aime,
Il monta sur un pic effrayant et pointu,
Et s'adressant au Vide, il lui dit : « Me veux-tu ? » —

Et le Vide, au-dessous, bâillant large et sans bornes,
Ayant répondu : « Oui ! », l'a pris, et l'a mangé, —
Et son corps est gisant, magnifique et vengé ; —
Et les pâles glaciers, ouvrant leurs gueules mornes,
Comme des monstres bleus dont les pics sont les cornes,
Avec les grands oiseaux vont se le partager...

Honneur donc au bouc-roi, mort de la mort du sage,
Qui vécut dans la neige, entre l'homme et les dieux,
Et qui ne but jamais l'eau des torrents bourbeux !
Honneur ! — il a choisi l'Alpe pour sarcophage,
Pour ses psaumes de mort, les cent voix de l'orage,
Le grand soleil pour cierge, et pour linceul, les cieux !..

Honneur au bouc des monts, alpiniste sublime,
Mort vainqueur et vengé de l'homme et de l'abîme,
Resté libre et debout jusqu'au dernier soupir, —
Vieux roi, que d'autres rois seuls auront vu mourir : —
Car ses égaux de l'air, tournoyant sur la cime,
Sont là, noirs fossoyeurs, qui vont l'ensevelir ; —

Car au lieu de pourrir dans les communes régles
Pour engendrer les vers et féconder les seigles,
Autour des murs boueux qui bordent la cité,
Sa chair va s'envoler, pourpre, en ce ciel d'été,
Et pour tombe elle aura le ventre des grands aigles
    Qui planent dans l'Infinité !

Et ses os dénudés, au hasard des tourmentes,
Erreront, transportés de glacier en glacier,
Blancs, sur la blanche neige, et durs comme l'acier ; —
Et peut-être qu'un jour, engloutis dans les fentes,
Des souterrains d'azur ouverts au bas des pentes,
On verra ressortir leur squelette princier ; —

Et quand l'homme, achevant l'œuvre des grands voraces,
Aura détruit enfin individus et races,
Quand l'oubli couvrira les tombeaux de ces rois, —
Ce revenant, sorti de sa robe de glaces,
Dira seul, qu'il était dans l'Alpe d'autrefois
Un peuple libre et fier, qu'on appelait : *Chamois!*

       29 Janvier 1889.

JACQUES-HENRI CALLIES

LA CROIX DU VILLAGE

Au détour d'un sentier, près de chaque village,
Apparaît une croix, simple et rustique ouvrage
De quelque laboureur, artiste du hameau.
Là, tandis que ses bœufs cheminent vers l'étable,
Le bouvier, s'appuyant sur l'aiguillon d'érable,
S'incline avec respect, et lève son chapeau.

Là, quand le jour fuyant assombrit la nature
L'aïeul, les bras en croix sur sa veste de bure,
Adresse une oraison au Sauveur des humains.
En sarrau de fil bleu, l'enfant près de sa mère,
Avec elle à genoux, murmurant Notre Père,
Presse le bois sacré de ses petites mains.

La bergère s'y rend du sentier des prairies,
Portant le doux tribut des fleurs qu'elle a cueillies
A l'ombre des grands bois, au pied du buisson vert.
Là, tout humble de cœur apporte son hommage,
Mais, devant cette croix qu'on respecte au village,
L'orgueilleux citadin passe le front couvert !

L'ENFANT ET LE CURÉ

Près du foyer où la flamme a relui,
Un vieux curé, refermant son bréviaire,
Dit à l'enfant pensif auprès de lui :
« Tu pars demain... je le tiens de ta mère...
« En ce vallon, rien ne plaît à tes yeux.
« Du jour, Joseph, où tu vis l'équipage
« D'un parvenu s'arrêter en ces lieux.
« Crois ton curé, le parti le plus sage,
« C'est, mon enfant, de rester au village.

« — S'il s'enrichit, ce grand de l'autre jour,
« Simple berger qui voulut de la ville...
« — Pourquoi pas moi ? dit Joseph, à son tour.
« — Ami, tu crois le succès si facile !
« Que de bergers, jaloux d'un meilleur sort,
« N'ont rencontré sur un lointain rivage
« Que l'insuccès, la misère et la mort?
« Crois ton curé, le parti le plus sage,
« C'est, mon enfant, de rester au village.

« Sous le soleil, quand reverdit pour toi
« Un petit champ autour d'une chaumine,
« Reste au village, où l'on garde la foi,
« Fuis les cités, où le vice domine.
« A l'étranger, que de fils des vallons
« Ont écouté ce perfide langage :
« Pour s'enrichir tous les moyens sont bons...
« Crois ton curé, le parti le plus sage,
« C'est mon enfant, de rester au village. »

« — Le parvenu, dit l'enfant soucieux,
« Ne va-t-il plus le dimanche à la messe ? »
« — Sur ce point-là, vois-tu... fermons les yeux :
« Mais, de ce grand sache au moins la tristesse,
« Sache, ô mon fils, que, malgré tout son or,
« Gronde en son cœur, comme un brûlant orage,
« L'âpre désir d'augmenter son trésor,
« Crois ton curé, le parti le plus sage,
« C'est mon enfant, de rester au village.

« Puis, mon ami, songe que ton départ
« Achèverait les vieux ans de ta mère :
« Déjà la mort était dans son regard
« Quand elle vint pleurer au presbytère ;
« Fais la mourir,... et puis compte sur Dieu ! »
Lors, de ses pleurs inondant son visage,
Pour les cacher, se penchant sur le feu,
« — Oui, dit Joseph, le parti le plus sage
« C'est, je le vois, de rester au village. »

L'ABBÉ CHARVOZ

A MES FLEURS

Belles fleurs de mon jardin,
　　Que ma main
Avec tendresse cultive,
Grandissez !... Et qu'en ce lieu
　　Jamais feu
Du ciel trop brûlant n'arrive.

Oh ! que j'aime à mon réveil,
　　Du soleil
Quand je préviens la lumière,
A contempler vos splendeurs !
　　Vos senteurs
Portent plus haut ma prière.

Portez, portez jusqu'aux cieux
　　Et les vœux
Et les ardeurs de mon âme :
Hélas ! votre parfum pur
　　Est plus sûr
D'y pénétrer que sa flamme.

Tendres fleurs, quand je vous vois
  Une voix
Doucement semble me dire :
« Aime Dieu !... comme la fleur,
  « Que ton cœur
« Chérisse son doux empire !

« Bénis pour nous sa bonté !
  « La beauté
« Qui sur notre front rayonne
« Est de sa main un bienfait :
  « Plus parfait,
« Tu sais mieux ce qu'il nous donne ! »

Et ce langage muet,
  Pur reflet
De votre constant sourire,
Fait parfois rougir mon front :
  Cher affront
Qui toujours vers vous m'attire.

Vous êtes mon seul trésor :
  Plus que l'or
A mon cœur vous êtes chères ;
A d'autres richesse et bien,
  Pour moi rien
Que vos parfums salutaires.

Auprès de vous je connais
  Joie et paix,
Douce et calme rêverie,
J'oublie et peine et besoins :
  Je sais moins
Que l'on souffre dans la vie.

MON PETIT ATELIER

Il est dans mon humble demeure
Un lieu que j'aime, un coin charmant,
Où le cœur m'entraine à toute heure,
Où chaque heure n'a qu'un moment.

Son seuil obscur, en apparence
Sombre rendez-vous de l'ennui,
Voit souvent, pleins d'indifférence
Mes amis passer devant lui.

Rien de brillant dans son enceinte,
On dirait le séjour du deuil ;
D'un vieux blason la noble empreinte
N'y trône point avec orgueil.

Atelier, que mon cœur adore,
Asile où je me sens heureux,
Le fer dont le travail s'honore
Seul embellit ton sein poudreux.

En désordre, sur tes murailles,
Brillent pour moi plus beaux que l'or,
Vrilles, ciseaux, rabots, tenailles,
Et d'autres instruments encor.

Dans ce réduit, dont je me vante,
Qui ne mesure que six pas,
Je sens mon âme plus vivante
Entre la scie et le compas.

Là mon travail en paix s'achève,
Loin de tout regard indiscret :
J'y vois souvent passer en rêve
L'humble atelier de Nazareth.

Là de Jésus la main divine
Trouve en Joseph un guide aimé :
Le pouvoir infini s'incline
Devant le bras qu'il a formé.

Oui, la main qui forma les mondes,
Et de soleils peupla les cieux,
Et qui creusa des mers profondes
Les abîmes mystérieux ;

La main d'où jaillit la lumière,
Qui tressa la robe du lis,
Et couvrit, brillante poussière,
L'insecte d'or et de rubis ;

Qui du chêne au flanc des montagnes
Suspendit les rameaux flottants,
Et de fleurs pare nos campagnes
Au réveil de chaque printemps ;

Oui, la main qui fit ces merveilles,
Qu'adorent les cieux prosternés,
A nos labeurs, à nos veilles
Voit ici ses jours condamnés.

Et mon âme se sent plus fière
De l'humble travail de mes mains,
Quand un Dieu, de ses doigts divins
Du travail m'ouvre la carrière.

Et dans ce coin de ma maison
Où tout me convie à la joie
Jamais épine sur ma voie,
Jamais ombre à mon horizon.

De l'aube la faible lumière
Souvent me guide en ce séjour ;
Mon obscur labeur, tout le jour,
Y poursuit gaîment sa carrière.

Et le soir, quand avec la nuit,
Tout s'endort, seul, et porte close,
C'est encor dans ce cher réduit
Qu'en travaillant... je me repose.

GASTON DE CHAUMONT

LE DOUBLE ORAGE

I

Dans tes grands monts, ô ma Savoie,
Combien l'orage est émouvant !
Que de rocs hautains il foudroie,
Que d'arbres colossals il broie !
Qui peut vous résister, grêle, tonnerre et vent !...

II

A peine est-il midi ; cependant combien d'ombre !
    Tout est tristesse, tout est deuil.
    De nuages un linceul sombre
Pèse sur nous... nous rive au sol, vaste cercueil.

Quel morne accablement ! La terre tout entière
Du sommeil éternel semble à mes yeux dormir.
Et moi je sens aussi se clore ma paupière...
. . . .
Je m'éveille soudain ; j'entends les bois frémir.

III

Mélèzes, pins, bouleaux courbent leur mille têtes ;
L'if noir, le chêne altier, le sinistre cyprès
S'inclinent sous le vent précurseur des tempêtes.
Des sifflements aigus courent dans les forêts.

    Et là haut, là haut dans la nue,
    J'entends un rauque roulement
    Remplissant l'immense étendue...
    L'éclair jaillit, brûle ma vue...
    Je me crois aveugle un moment.

Ah ! ces convulsions ressemblent à la vie
Qui n'a pas un seul jour calme, serein, heureux ;
Le sifflement des vents est pareil à l'envie
Qui tâche de briser les forts, les généreux.

IV

La foudre rugit, tombe, et toute la nature
Souffre : c'est de fièvre un violent accès ;
Elle transmet son mal à toute créature.
Elle est folle et se livre aux plus affreux excès.

Tant ! mieux, j'en suis heureux ; car mon âme irritée
Se délecte au désordre et s'enivre du bruit ;
Le choc des éléments, leur fureur indomptée
Me plait, me charme, me séduit.

V

O spectacle émouvant ! ô sublime tempête,
Plus fière dans nos monts qu'au sein de l'océan,
Quel fracas ! Le tonnerre éclate sur ma tête,
Un vieux chêne, à mes pieds, s'abat comme un géant.

Puissent périr ainsi les traîtres, les infâmes,
Tant et tant d'êtres vils, sans honneur, pleins d'honneurs !
Pillant les orphelins, calomniant les femmes,
Se payant sur les fonds du vol tous les bonheurs !

VI

Ah ! si pour un instant je gouvernais la foudre !
Si j'avais en mes mains les éclairs pour flambeau !
Heureux, je ne ferais de l'univers en poudre
    Qu'un immense tombeau !

Les hameaux, les cités crouleraient sur ma voie ;
Je serais, à mon tour, cruel et sans pitié.
Je danserais, rempli d'une féroce joie,
    Sur l'univers broyé.

Je méprise, je hais et la nature et l'homme ;
Je voudrais dans leur flanc briser mon éperon ;
Et toi, toi qui chantais en incendiant Rome,
    Je te comprends, Néron !

VII

Le vent s'apaise un peu ; le lugubre tonnerre
    A des accents moins effrayants ;
Et secouant sa plume aux bords de sa haute aire,
L'aigle sonde des yeux les abîmes béants.

. . . .

Si je pouvais cesser de haïr, même, même
    Ceux qui souhaitent mon trépas !
Si je pouvais apprendre à nouveau le mot : J'aime !..
Non, je ne le puis pas, non, je ne le veux pas !

D'autres eurent le mieux, et je n'eus que le pire ;
En ma moindre pensée, en ma moindre action
Je fus calomnié. J'eus sans trêve un vampire
Suçant plus que mon sang, — ma réputation.

Hypocrite ennemi de tout lieu, de toute heure,
Détruisant mes projets, enrayant mon élan,
Transformant en enfer ma paisible demeure,
De dards empoisonnés perçant mon pauvre flanc.

Faisant plus, s'attaquant à tout être que j'aime,
  Le salissant, le ternissant,
Me tuant dans cet être encor plus qu'en moi-même,
Lui volant son bonheur, s'enivrant de son sang !

J'ai le droit de haïr ! C'est par d'immenses sommes
Que j'ai payé ce droit ! Ce droit m'appartient bien !
  Le droit de mépriser les hommes,
De cracher à leur face, et de n'aimer plus rien.

VIII

  L'orage diminue ;
  A travers une nue
  Le soleil, pâle encor,
  A percé l'étendue
  De mille flèches d'or.

Ces bienfaisants rayons m'effleurent de leur flamme ;
  Ils sont pareils au pur dictame,
  Soulageant, guérissant nos maux.
  Mieux encore, ils paraissent vivre...
A mon cœur ulcéré que leur langage enivre,
Ils semblent murmurer de mystérieux mots :

« Mortel, ne juge pas la tactique divine ;
« Pour compenser le mal Elle a l'éternité,
« Et s'il est des Néron, s'il est des Messaline,
« Et des aspics grouillants dans l'infecte sentine,
« Il est des héros, purs des sœurs de charité !

« Oui, même sur la terre il est, il est des anges,
« N'aimant que la vertu, dédaignant les louanges,
  « Pleins d'amour, pleins de devouement ;
« Leur pied, dans nos chemins, change en or toutes fanges,
« Et tous cailloux aigus en perle, en diamant.

   « Eh ! bien, en leur faveur pardonne
   « Aux hypocrites, aux pervers ;
« Aime et jouis en paix des biens que Dieu te donne,
   « O citoyen de l'univers ! »

IX

L'orage est terminé ; sur les feuilles, tes gouttes,
Eau du ciel, ont l'éclat d'un millier de saphirs ;
Aquilon, de nos bois, n'agitant plus les voûtes,
   Tu cèdes la place aux zéphirs.

Comme un torrent, parfois, si déborde ma plainte,
Si l'archange du mal me prête des accents,
L'espérance en mon cœur n'est pas encore éteinte ;
   Oui, je le vois, oui, je le sens.

X

Le soleil resplendit, il réchauffe, il domine
Plus brillant, plus puissant que les terrestres rois.
   Du haut du ciel il illumine
   Fleuves, cités, lacs, monts et bois.
   Ses rayons, de leur pure flamme,

Illuminent non seulement
Le monde, mais encor mon âme ;
Ils disent solennellement :
« Tout n'est pas le mal sur la terre :
« S'il est de vils égoûts, de fétides marais,
« Il est aussi des bois pleins de tendre mystère,
« Des jardins enchantés, de futiles guérêts ;
 « Des fleurs à l'élégante tige
 « Sur lesquelles l'insecte voltige ;
 « Les splendeurs du matin, du soir ;
 « Des âmes, fleurs également, pleines
 « Du nard qui soulage les peines
 « Et qui nous rendait force, espoir. »

« Ami, bannissons donc la plainte, le blasphème ;
« Loin des gens pleins de fiel planons sur la hauteur.
« Sur nos vaillants drapeaux inscrivons le mot : J'aime !
« Aimons la créature, aimons le Créateur ! »

EUGÈNE CHENAL

LA VEILLÉE

Sur le chemin la neige a comblé les ornières,
Et déjà, quelques points sombres à l'horizon
Sautillent et font tache au loin dans les clairières :
Ce sont les corbeaux noirs, phalanges carnassières,
Humant dans l'air une âcre odeur de venaison.

Le ciel est gris, les bois s'inclinent sous le givre,
Tristes sont les bosquets, arides les vergers ;
Pas un chant, pas un bruit, tout a cessé de vivre :
On n'entend plus le soir la corne des bergers :
Tout est morne, on dirait que la nature est ivre.

Pourtant dans le silence on perçoit comme un glas
Qui traverse l'air froid, frôlant les toits de chaume ;
Ah ! nous ne sommes plus dans les mois des lilas :
Aux rutilantes fleurs succède le verglas ;
La cloche ! c'est la voix plaintive d'un fantôme.

L'hiver !... le deuil, la faim, la misère, la mort !
C'est funèbre, car c'est l'obscure nuit qui tombe
Avant la fin du jour ; quand la nature dort
L'Angelus est plus triste encore que la tombe :
Un râle de damné qui s'éteint loin du port !

Avec l'hiver, chez nous, plus de rondes joyeuses.
Ce n'est pas cependant la lugubre saison,
Car sur les blancs coteaux sont vertes les yeuses,
Au firmament profond brillent les nébuleuses...
Tandis que les rouets se couvrent de toison.

Somnolents, les grands bœufs ruminent dans l'étable
D'où s'exhale en buée une odeur de sainfoin,
La veilleuse appendue à la poutre d'érable
Trace du roquet roux qui souffle dans un coin,
Sur le mur lézardé, le profil formidable.

Les jeunes, les vieillards, les femmes, les bambins
Attendent anxieux dans la douce pénombre
L'histoire du sorcier troublé par les lutins,
Ou la narration des crimes des devins
Qui sabbattent au fond d'une caverne sombre.

Et le conteur poursuit les contes commencés...
Les vieux laissent errer un sourire incrédule ;
Pendant qu'indifférents les jeunes fiancés
Calment par un baiser la flamme qui les brûle...
Oh ! les rouets plaintifs ! par les grands soirs glacés !

A UNE SAVOYARDE

> Aimez les papillons, les oiseaux et les fleurs,
> Ces amours-là n'ont pas de tragiques douleurs.
> Mme E. DE GIRARDIN.

Sous votre chaume gris que vous êtes heureuse,
Paysanne gentille, au milieu des beautés
De vos champs, qu'un petit ruisseau sillonne et creuse :
—. Immuable il a vu déjà bien des étés.

Sous vos regards discrets, la rose et l'aubépine
Fleurissent ; le jasmin, le lys, parfument l'air :
Les lilas étoilés, près de la balsamine,
Répandent leur arôme autour du pampre vert.

Les châtaigniers géants, les chênes séculaires,
Les plaines, les vallons, les vergers, les bosquets,
Les verdoyants coteaux sous leurs teintes austères,
Lancent vers le ciel bleu leurs multiples reflets.

Que j'aime à contempler ces riants paysages
Que le soleil de juin baigne de flèches d'or,
Le zéphir caressant le sommet des feuillages,
Et l'épervier prenant sur le roc son essor.

J'aime aussi le sentier qui conduit, solitaire,
Au fond des bois touffus, pleins de tièdes senteurs,
Les rameaux enlacés abritant, ô mystère !
Des couples amoureux, de sublimes chanteurs.

Méditer en passant sous les vertes ogives,
S'asseoir sur un vieux tronc par la mousse assiégé,
Apercevoir au loin les visions fictives
Des gnômes que poursuit un sylvain outragé ;

Aspirer cet air pur qui nous vient des montagnes,
Contempler ces rochers, — colosses aux flancs noirs, —
Et ces sombres forêts, leurs géantes compagnes,
Auxquelles les ruisseaux voisins font des miroirs.

Sous votre chaume gris, que vous êtes heureuse !
Vous pouvez, souriante, admirer la beauté
De vos champs ; la Nature, ô candide rêveuse,
Donne à l'âme la paix et la sérénité.

N'abandonnez jamais, paysanne gentille,
La rustique chaumière où vous vîtes le jour,
Restez pour écouter sous la verte charmille
Les oiseaux roucouler une chanson d'amour...

La ville, des remords qu'elle engendre, se joue ;
Ses sourires vous font des morsures au cœur ;
Sous son plus doux regard, le carmin de la joue
Blémit et l'on entend son gros rire moqueur.

Ne fuyez pas l'exil où le sort vous fit naître,
Ne changez pas l'air pur contre un air vicié ;
Le monde est un enfer que chacun veut connaître :
Il méprise celui qu'il a mystifié.

Sous votre grand ciel bleu qu'aucun nimbus n'altère
Vivez dans l'abondance et le recueillement :
Que le climat pour vous soit doux et salutaire
Afin qu'il vous conserve un cœur toujours aimant. !

MARGUERITE CHEVRON

EPITRE AUX FEMMES

(FRAGMENTS INÉDITS)

> Les hommes font les lois,
> Les femmes font les mœurs

On vous a prodigué le blâme et la louange,
Décerné tous les noms, du Démon jusqu'à l'Ange,
Tous les titres pompeux dont vous flatte l'amour,
Tous ceux dont le dépit vous accable à son tour.
Ont-ils un côté vrai? sont-ils nés du vertige?
Mesdames, je vous vois sans bandeau ni prestige,
Et ces mots opposés, je le dis entre nous,
Tant divins qu'infernaux, vous les méritez tous !
Oui tous, mais dépouillés de leur sens éphémère.
On les prête à l'Amante, ils sont dûs à la Mère;
C'est Elle, ange ou démon, qui tient la clef des cœurs,

Perd le monde ou le sauve en propageant les mœurs.
Les peuples sont atteints d'un mal épidémique,
Vous entendez surgir de chaque république
Un lugubre murmure en tous sens répété
Qui se résume ainsi : Le monde est infecté.
Mais quel est le poison qui coule dans ses veines ?
Quel remède apporter à ces crises soudaines
Où frémissant de rage et de sang inondé,
Le genre humain se tord ainsi qu'un possédé ?
Hélas ! pour le soustraire à ce malaise intime
Faudrait-il l'amputer... ou changer son régime ?
Entre ces deux avis, nos docteurs partagés,
De pallier le mal se sont en vain chargés.
Ils n'ont pas du scalpel su diriger la lame ;
Ils taillent dans le corps, la gangrène est dans l'âme.

La plaie invahissante est l'incrédulité
Qui fait, ruinant les mœurs, place à la volupté.
Le cœur humain jamais ne saurait rester vide,
En le blâmant crédule on l'a rendu cupide.
Le mal est chez l'espèce un appétit pervers,
Par qui chacun désire engloutir l'univers.
L'homme vit moins de pain que du verbe céleste,
Et cette faim canine éloquemment l'atteste.
Les vrais besoins du corps se réduisent à peu ;
Si l'âme mord à tout, c'est qu'elle a faim de Dieu.
Mères, voilà le mal et je vous en accuse,
On se crée un besoin de ce dont on abuse.
Vos fils sont entraînés par l'ardeur des plaisirs,
Une aveugle tendresse éveilla leurs désirs,
Ils n'admettent ni loi, ni culte, ni symbole :
Leur avez-vous du Christ fait goûter la parole ?
Mon fils a, direz-vous, un docte professeur.
C'est fort bien pour l'esprit, mais trop peu pour le cœur.

Sentinelle avancée en ces routes connues
La mère seule en peut garder les avenues.
On guide la pensée avec un argument,
Pour balancer l'instinct il faut un sentiment,
Pour plier au devoir leur intime tendance
Exercez sur vos fils votre douce influence.

Au fait, sur cet enfant on sait votre dessein,
Vous ne prétendez pas en faire un capucin...
Mais la Patrie attend, parlez, je vous en somme,
Du fils qui vous est né lui ferez-vous un homme?
Quel avenir rêver pour ces frêles enfants
Gros de colifichets comme des chiens savants,
Qu'une bonne par vous soumise à leur tutelle
Porte jusqu'à dix ans sur des faix de dentelle?
Trop longtemps vous avez sous ces brillants décors
Abruti leur esprit en étiolant leurs corps,
Etonnez-vous plus tard que la force leur manque!
Si le pimpant tribun n'est rien qu'un saltimbanque,
C'est que dès le jeune âge il eut le sens gâté,
L'esprit, par la débauche et le luxe hébété.
De lui n'attendons pas quelque noble pensée.
Les mœurs sont au déclin, la bannière offensée,
Le peuple est affamé!... Qu'importe à notre fat!
Irait-il pour si peu provoquer un débat!

. . . .

Un mot sur leur compagne et voyons quelle allure
Sous les yeux maternels prend la mère future :
Un peu de verbiage et des arts d'agrément
Forment tout son savoir... La part du sentiment,
Grâce au progrès chez nous, est commise à la presse;
Tant de romans moraux, écrits pour la jeunesse,
Lui prêchant les vertus en éveillant les sens,

De ce point puéril ont sauvé les parents.
De là ce goût des riens, ce babil insipide
Qui chasse du foyer l'époux le moins rigide...
Fille, elle aime avant tout la parure et le bal,
Et quand sa main souscrit au pacte conjugal,
Loin que son âme tremble à cette nouvelle ère
Devant les saints devoirs et d'épouse et de mère,
Elle se réjouit de l'écrin usité,
(Hochet que la sottise offre à la vanité).

. . . .

J'ai signalé le mal, en voici le remède :
Qu'au régime divin tout le reste le cède.
L'âme est asphyxiée aux miasmes de l'or,
Dilatez sa pensée à l'air pur du Thabor :
D'elle ainsi que du corps vous êtes les nourrices.
Mères, du lait sacré versez-lui les prémices,
Veillez dès le berceau les fruits de votre hymen
Comme veillait l'archange à la porte d'Eden,
De peur que dans cette âme où coule l'onde pure
Du vieil homme chassé ne rentre la souillure.
Ce monde est bon au plus à faire des chrétiens,
Dira-t-on? Mais quel autre a fait des citoyens?

. . . .

Est-il une vertu dans la philosophie?
Pour moi j'en doute fort, ou plutôt je le nie.
S'immoler au devoir sans faire le jongleur,
S'immoler, sans scrupule à de faux points d'honneur,
Font la vertu divine ou la morale humaine.
Une juive pieuse, une noble romaine
Dont l'histoire à bon droit vante la chasteté,
Me sont ici témoins de cette vérité.
Voyez sous l'œil de Dieu comme Suzanne affronte
Au saint nom du devoir le trépas et la honte;

Qu'importe à ce grand cœur les pensers d'Israël ?
Sa vertu tend plus haut, son juge est dans le ciel.
Avec moins d'abandon procède sa rivale :
Martyre, elle s'immole à la loi conjugale ;
Mais le monde est son juge et son cœur combattu,
Pour sauver son honneur outrage la vertu.
Oui, Lucrèce, adultère, aux dépens de sa vie,
Met en flagrant délit cette philosophie
Qui veut régler le monde et se passer de Dieu.

. . . .

Pour arrêter enfin la décadence humaine,
La foi, même au physique, est l'unique hygiène,
Elle impose silence au Moi trop exigeant,
Sait modérer le riche et nourrir l'indigent ;
Sauver en lui jetant ses cordons sanitaires
La race qui périt par deux excès contraires...
Et pour fondre la foi dans le règne actuel
Je ne sais qu'un creuset, c'est le cœur maternel.
On singe l'esprit fort, mais au fond le Symbole
Qu'on apprit de sa mère, est un chant qui console :
Frappant avec sa voix sur les fibres du cœur,
Comme un puissant levier il en est le moteur.
Voilà, mères, le droit... le devoir qui vous lie.
Pour résumer enfin ma trop longue homélie :
La vertu n'est qu'un mythe au monde officiel,
Les mœurs font notre force, et leur base est au ciel !

FERDINAND CHENU

CRÉATEUR ET CRÉATURES

> What a joy it is to be a creature !
> What a glory to have a Creator !
> F.-W. Faber.

Alors que souriant à la belle nature,
Le soleil la revêt de sa robe de fleurs ;
Quand, jeune fiancée, à sa verte ceinture,
Brillent mille rubis de diverses couleurs ;

Quand son voile flottant est parsemé de roses,
De pavots, de bluets, de lilas et d'iris,
De perles du printemps fraîches et demi-closes,
D'élégants boutons d'or, de fleurons et de lys ;

Quand le zéphir chantonne à travers les feuillages ;
Quand l'air est tout rempli de parfums et de voix ;
Quand on entend, parmi les mystérieux ombrages,
De doux frémissements dans le fond des grands bois ;

Quand Celui qui peut seul faire les nuits sans voiles ;
Quand Dieu semble avoir mis, dans les cieux, plus d'azur,
Plus de douces clartés dans les blanches étoiles,
Dans la Reine des soirs un reflet bien plus pur ;

Quand chaque être prend part à cette fête immense ;
Quand l'hymne universel retentit en tout lieu...
L'homme tombe à genoux ; plein de reconnaissance,
Il achève, lui, l'hymne en adorant son Dieu !

— O Roi des cieux, ô notre Maître,
Dont la vie est l'Eternité,
La mesure, l'Immensité,
Et le nom mystérieux, l'Etre !

Vous avez, au premier des jours,
Jeté dans l'espace les mondes,
Creusé leur lit aux grandes ondes,
Et décrit des astres le cours.

Comme un voile, sur les fronts chauves
De tous les monts, géants altiers,
Vous avez posé les glaciers,
Où plane l'aigle aux ailes fauves.

Au flanc des arides coteaux,
Vous avez mis les forêts sombres,
Pleines de mystères et d'ombres,
Où, l'été, chantent les oiseaux.

Le lac vous doit ses eaux paisibles,
L'océan, ses flots courroucés,
Le rossignol, ses chants perlés,
Le tonnerre, ses voix terribles ;

Ses larges ailes, le condor,
La colombe, son cou d'albâtre
Et la demoiselle folâtre,
Ses quatre ailes d'azur et d'or.

O mon Dieu, pourquoi ces merveilles ?
Ce temple et ce dôme éclatant,
Qui sur nos fronts joyeux s'étend,
Parsemé de perles vermeilles ?

Pourquoi ces fleurs et ces chansons ?
Et pourquoi ces décors sublimes,
Et ces pics dont les fières cimes
Découpent les bleus horizons ? —

. . . . , . . .

Pourquoi donc ? Au milieu des gloires éternelles,
Dans la beauté sans fin d'où vient toute beauté,
Plongé dans l'Océan des splendeurs immortelles,
N'étiez-vous pas à vous votre félicité ?

Oui, mais vous êtes bon ! Votre voix souveraine
Féconda le néant du *Fiat* créateur.
L'homme, Pontife et Roi de ce vaste domaine,
Ne doit pour vos bontés que vous aimer, Seigneur !

A. CLÉMENT

ACTE DE FOI

A Madame la baronne Ch. de Motz de la Salle.

Oui, je veux assoupir et tuer mon désir,
Rendre forte, hautaine et calme ma pensée,
Renier mon erreur à tout jamais passée,
Mépriser les soucis mesquins, et le plaisir.

De la vulgarité mon âme s'est lassée ;
Entre tous les trésors elle m'a fait choisir
Le Protée infini qu'elle ne peut saisir
Et qu'elle suit pourtant dans sa fugue insensée...

Fantôme, disent-ils ? — Prouvez-moi qu'il vaut mieux
Se plonger dans la fange et ne plus voir les cieux,
Et douter et nier : Oh ! je vous en défie ! —

L'Idéal est le vrai parce qu'il rend meilleur
Et qu'il fait abhorrer l'égoïsme railleur,
Il est la vérité, car il nous déifie !..

SAVOIE

Au capitaine C. du Bourget

Doux sont vos pleurs, ô mes montagnes,
Vos pleurs, ces gentils ruisselets
Tout gazouillant comme oiselets
Qui chantent Dieu par les campagnes !

Oh ! qu'il me plaît les voir couler
Dans les grands bois frais, remplis d'ombre,
Et les ouïr aussi hurler
En cascade plaintive et sombre !

Si me plaît, torrent furieux,
Fouissant la gorge profonde,
Démoniaque, impérieux,
Brisant sa voix, tordant son onde :

Plus bel encore et gracieux
Est le lac, miroir des collines,
Des châtels, des rochers, des cieux,
Des nefs à voiles argentines.

CHARLES-J. DERISOUD

L'IMMORTELLE

(INÉDIT)

Or, la nymphe aux yeux bleus s'ennuyait dans son île.
Cependant elle avait un printemps éternel ;
Un seul vœu d'elle ornait le roc le plus stérile ;
Le sort lui prodiguait les parfums et le miel.

Pour elle mugissait l'Océan sur la plage ;
Pour elle il soupirait les hymnes de la nuit ;
A son ordre bientôt se dissipait l'orage :
La nymphe ne pouvait dissiper son ennui.

On aurait pu la voir rêvant sur le rivage
Où la vague soumise allait baigner ses pieds,
Soupirer et compter les siècles de son âge,
Pleurer au souvenir des amours oubliés :

« Ans maudits, sans pitié, qui passez sur ma tête,
Oh ! quand donc cesseront vos pas pour moi si lourds !
Ne serez-vous jamais vaincu par la tempête
Qui brise comme verre un astre dans son cours !

Tout change autour de moi. — Lorsque la rose expire,
Je vois son âme atteindre à l'immortalité ;
La gazelle devient la femme qu'on admire ;
L'homme meurt en volant à l'immortalité ;

Car il s'en va revivre au sein d'autres étoiles ;
Il retrouve là-haut le rêve tant cherché,
La science et le beau qui se montrent sans voiles
A son esprit enfin de sa chair détaché.

Moi, je ne change pas. Toujours mon beau visage !
Toujours mes cheveux noirs, ma taille de vingt ans !
Toujours mon même aspect, voluptueuse image
De ce qui ravissait et qu'épargna le Temps.

Que n'ai-je les cheveux tout blancs, le corps qui penche !
Heureux qui se dessèche au souffle de la mort !
Heureux l'arbre orgueilleux qu'entraîne l'avalanche !
La feuille que l'automne en sa colère mord !

Alors comme aujourd'hui, Vénus ! j'étais si belle !
Mille amants éperdus venaient baiser mes pas ;
Et je te demandais la jeunesse éternelle
En te priant bien haut d'éloigner le trépas.

Pendant vingt mois ma main couronna la statue
De fleurs, dont les parfums montaient comme un encens
Jusqu'à l'Olympe, d'où tu m'étais apparue ;
Tes prêtres à tes pieds déposaient mes présents.

Tu m'écoutas. — Pourquoi m'as-tu donc écoutée ?
Oh ! maudit soit ton culte et maudit ton autel ;
Je reste seule au sein de la terre agitée ;
Toi-même tu n'as plus ton pouvoir immortel.

Je fus aimée un jour, au temps des dieux antiques ;
Mais celui que j'aimais mourut de mon amour ;
Dès lors, mon cœur en proie aux glaces tyranniques
S'est fermé : — Je vis et je meurs chaque jour.

O mer ! engloutis-moi, cache-moi dans tes ondes ;
Tempêtes, foudroyez mes éternels vingt ans ;
Autans, emportez-moi dans une nuit profonde,
Au sein des froids hivers, bien loin de ces printemps !

Vains désirs ! à cette île à jamais enchaînée,
J'entendrai bien longtemps le murmure des mers ;
A des milliards d'ans ma vie est condamnée ;
Je dois attendre ici la fin de l'Univers.

UNE MÈRE

Il est un être sur la terre,
Un être fort et gracieux,
Dont l'héroïsme est un mystère,
Et de qui l'âme toute entière
Est aussi douce que ses yeux.

Lorsque le ciel, de l'existence
Nous ouvre le seuil enchanteur,
Cet être, d'un amour immense,
Nous reçoit à notre naissance,
Des bras même du Créateur.

Sa voix est une mélodie,
Son flanc, notre premier séjour,
Son sourire, grâce infinie,
Son sein, une source de vie,
Son cœur, une source d'amour.

La douceur fait tout son empire,
Tous les petits le savent bien ;
Dans son regard l'enfant sait lire,
L'enfant comprend son doux sourire,
A l'âge où l'on ne comprend rien.

Au léger son de sa parole
Notre cœur s'ouvre comme un lis,
Notre prière qui s'envole
Apprend, à sa pieuse école,
Le beau chemin du paradis.

Cet être, le plus grand sur la terre,
Parce qu'il est grand par l'amour,
Cet être qui n'est que mystère,
C'est la femme, c'est une mère,
Un ange de ce bas séjour !

FRANÇOIS DESCOTES

BÉTHONCOURT

A la mémoire des victimes du combat du 16 janvier 1871.

« *Les forts créent les forts...* »

Nos fils sont là !... campés dans cette forêt sombre,
Sans vivres, sans abri, la neige pour grabat,
Debout depuis deux jours, cherchant à travers l'ombre
Si l'heure va venir de marcher au combat ;
Le canon tonne au loin, la fusillade ardente
Attisant de ses feux la fièvre de l'attente
Crépite, à coups pressés, au delà des grands bois.,.

« Eh bien ! — se disent-ils — est-ce à nous, cette fois ? »

Mais leur tour ne vient point... ils en pleurent de rage !...
Demeurer l'arme au pied quand d'autres vont mourir !
Quand on voudrait lâcher la rêne à son courage,
Etre esclave de l'ordre et ne pouvoir partir...

C'était trop dur!... La mort leur eût été plus douce
Que cette halte, — un siècle! — au sein d'une forêt
Où l'ordinaire était fait de glace et de mousse.,.

« Alerte!... Aux armes?... Non?... Et pourtant tout est prêt!...
« Des fils de la Brigade on ne veut pas, peut-être?... »

Ces mots, — noble rumeur, — sur leurs lèvres grondaient,
Et furieux, brisant tout, chêne, sapin, hêtre,
De leur sinistre voix les obus répondaient...

*
* *

Voyez ces deux soldats près de ce faisceau d'armes...
Enfant du même mont, Pierre à Jean dit tout bas ;

« Si j'y reste, sur moi ne verse point de larmes !
« J'aurai fait mon devoir... ne me regrette pas !
« Mais si toi, plus heureux, tu rentres au village,
« Le soir de ton retour, au coup de l'Angelus,
« Va voir ma vieille mère et dis-lui que l'image
« Qu'à l'heure du départ elle me mit au cou,
« Toujours je l'ai gardée, à son culte fidèle.
« Qu'à ma mère, en bon fils, j'ai pensé jusqu'au bout,
   « Que mon dernier mot fut pour elle !...

*
* *

D'autres, pelotonnés sous leur mince manteau,
Fumaient insouciants et suivaient la fumée
Des yeux ; mais leur pensée, elle était au hameau,
Au pied des monts neigeux, sur une terre aimée,
Du pays écoutant la poétique voix,
Volant du toit de chaume à la forêt ombreuse,
Du sermon du dimanche à la soirée heureuse
Où le cœur se donna pour la première fois...

⁎ ⁎

Et l'obus, — balayant ces rêves de naguère, —
Dans sa courbe moqueuse, à quelques mètres d'eux
Passait en leur disant : « C'est moi qui suis la guerre,
« Travailleurs de la paix !... Dites ! vous voilà deux :
« Vous êtes, vous, l'amour, la jeunesse, la vie !
« Mais je suis, — moi ! — le sang, la haine, le trépas !
« Prenez garde !... ma soif brûle d'être assouvie !
« Pour ma faim, les vingt ans sont les meilleurs appâts !...

Et les deux compagnons, en saluant la bombe,
Répliquaient à mi-voix : « Une de plus qui tombe !... »

⁎ ⁎

Dans l'autre camp, — derrière un quadruple rempart —
L'ennemi se cachait : on le croyait en fuite...
Il veillait cependant, invisible lézard,
Rampant dans les replis rocailleux de son gîte...
    Entre le bois et lui, vaste linceul,
      Se déroule une plaine
Que baignent au levant les flots de la Lizaine ;
Au delà, Béthoncourt se dresse muet, seul,
Immobile, glacé, retenant son haleine,
      Squelette décharné...
Du Prussien en déroute est-il abandonné ?...

⁎ ⁎

Ainsi, quand sur les monts s'accumule l'orage,
Le silence se fait dans les cieux obscurcis ;
La foudre met un frein aux éclats de sa rage,
Dieu semble à la nature accorder un sursis :

Pâtres, troupeaux, forêts, tout frissonne et tout tremble !
        C'est qu'un souffle de mort
A passé : que, muet, l'orage se rassemble
        En un suprême effort...

*
* *

    Soudain la voix stridente et brève
        Du clairon retentit :
        Des yeux l'éclair jaillit,
    Le bataillon se lève
D'un seul et même coup... Quelle ardeur ! quel élan !
On eût dit qu'ils couraient au devant d'une fête...
La fête, — hélas ! — c'était la perfide tempête
Les dévorant déjà de son regard brûlant...

*
* *

Le général a dit : « Enfants de la montagne !
« C'est à vous de marcher !... Le sort de la campagne,
« Il est entre vos mains !... Béthoncourt est là-bas !
« Savoyards ! En avant !... Et ne reculez pas ! »
Et Costa, parcourant la ligne de bataille :

« Soldats ! souvenez-vous de vos nobles aïeux !
« Eux ne surent jamais bouder à la mitraille :
« Songez à leur vaillance et soyez dignes d'eux ! »

*
* *

Et tous, — électrisés par ce mot héroïque, —
Ils s'élançaient déjà, quand un geste magique
Arrête leur élan... C'est le dernier adieu !...
Ils tombent à genoux... Le prêtre, au nom de Dieu,
Par un signe de croix, grave et muet, pardonne
A ceux qui des martyrs vont cueillir la couronne...

⁂

Si pour toujours vos yeux doivent être mouillés,
Si les monts et vos cœurs vont être dépouillés,
Mères, de vos douleurs que votre âme soit fière !
Voyez vos fils !... Chrétiens, ils baissent vers la terre
Ces têtes qu'en héros ils offrent au pays,
Et sur ce champ, que va féconder leur courage,
Ecoutez !... On entend ces mots saints qu'au village,
Bercés sur vos genoux, ces braves ont appris :

« Dieu ! Que ta volonté, — disent-ils, — s'accomplisse !
« Que le ciel soit le prix de notre sacrifice ! »

⁂

La coupe était vidée... Arrière, souvenir
D'une jeunesse heureuse ! — Arrière l'avenir,
Les mères, les amours, le foyer, la patrie,
La vigne, les blés murs, les grands bois, la prairie,
Tout ce qu'hier encore ils espéraient revoir...
Le sacrifice est fait : sur l'autel de leur âme
Un feu, — grâce du Ciel ! — de sa sublime flamme
A brulé tout cela ! ce feu, c'est le devoir !...

⁂

En relevant son front, le bataillon s'élance...
Les chefs, le sabre au poing, marchent au premier rang,
Seul, le cri de : *Savoie !* est sorti du silence...

Tout à coup, on eût dit la foudre déchirant
La nue, — un feu d'enfer, du haut de la colline,
Des talus, des maisons, des toits, de toutes parts,
Eclate furieux !... il enserre et domine

La phalange qui monte à l'assaut des remparts...
Va-t-elle reculer ?... La mitraille moissonne,
Couche les pelotons, ainsi que fait le vent
Dans les blés ; et pourtant la retraite qui sonne
Ne les arrête pas : ils s'en vont en avant !

*
* *

Rien ne les retenait ! L'adversaire invisible,
Prudemment abrité, s'exerçait à couvert
   A les prendre pour cible ;
Et les braves tombaient, le visage entr'ouvert,
   La poitrine béante,
Le crâne fracassé, les jambes en lambeaux.
La mort, ivre de joie, en sa course sanglante,
A chaque pas creusait trois ou quatre tombeaux...

*
* *

O champ de Béthoncourt, si tu savais redire
Tous les traits de ce jour tristement glorieux.
Quelle page d'honneur ta voix pourrait inscrire
   Au Livre d'Or de nos aïeux !
Là, c'est Besancenot, qui, mourant, se relève
Pour couvrir de son corps les restes d'un ami ;
Sur la gauche, Milan, fou de bravoure, enlève
Sa jeune troupe et meurt, lui montrant l'ennemi ;
Hugard, trois fois atteint, près de son capitaine
Pense à sa chère épée et jette à la Lizaine
Un trésor qu'il a peur de voir prendre sur lui...
Desmoulins, — pauvre enfant que le combat fit nôtre, —
Accourt près d'un blessé, chancelle et reste mort ;
L'aumônier, — un héros ardent comme un apôtre, —
Va porter en plein feu le divin passeport ;
Beauregard, étalant les signes de son grade,

Se bat comme un guerrier de l'antique Croisade,
Parvient à la rivière et tombe sur le bord.

*
* *

Et vous tous, dont le nom n'aura d'autre mémoire
Qu'un cœur de fiancée ou l'amour d'une sœur,
Vous qui n'avez cherché ni l'éclat, ni la gloire
Pour combattre et mourir sur le champ de l'honneur,
Braves, salut à vous !... Là haut, dans la patrie,
Où l'humble d'ici-bas devient resplendissant,
Votre âme aura conquis cette place bénie
Dont le Dieu des combats, — en l'éternelle vie, —
      Fera le prix de votre sang !

. . . .

Aujourd'hui, sur les lieux témoins de ce martyre
Se dresse un mausolée où le regard peut lire :

« Découvre-toi, passant !... Ici repose en paix
« La cendre de ces fils de la terre lointaine
« Qui, de leur sang, ont teint les bords de la Lizaine
« Et payé de leurs jours le titre de Français ! »

Janvier 1872.

CH.-EUG.-JOSEPH DESSAIX

PÈRE DU GÉNÉRAL DESSAIX

TRIOLETS

(Chantés par l'auteur le jour de son testament, 6 décembre 1816,
mis en vigueur le 1er janvier 1817, du vivant du testateur.)

I

Je ne veux plus avoir de bien,
C'est un des tourments de la vie.
La mort ne m'enlèvera rien,
Je ne veux plus avoir de bien.
Débarrassé de tout lien,
Impassible aux traits de l'envie,
Je ne veux plus avoir de bien,
C'est un des tourments de la vie.

II

J'ai trouvé l'art de m'enrichir
Dans cet abandon volontaire;
Point de soucis pour l'avenir,

J'ai trouvé l'art de m'enrichir.
Savoir se priver c'est jouir,
Bonheur inconnu du vulgaire.
J'ai trouvé l'art de m'enrichir
Dans cet abandon volontaire.

III

Mon hiver n'est plus qu'un printemps,
Où les fleurs s'empressent de naître,
Où sont les fruits en même temps,
Mon hiver n'est plus qu'un printemps.
A l'aspect de ces jours brillants
J'ai vu les frimas disparaître,
Mon hiver n'est plus qu'un printemps,
Où les fleurs s'empressent de naître.

IV

Je dois bénir chaque soleil
Que m'accorde la Providence,
Au jour naissant de mon réveil,
Je dois bénir chaque soleil.
Et la nuit, lorsque le sommeil
M'invite à sa douce influence,
Je dois bénir chaque soleil
Que m'accorde la Providence.

JOSEPH DESSAIX

LA LIBERTÉ

Allobroges vaillants, dans vos vertes campagnes,
Accordez-moi toujours asile et sûreté,
Car j'aime à respirer l'air pur de vos montagnes,
Je suis la Liberté !

Je te salue, ô terre hospitalière,
Où le malheur trouve protection !
D'un peuple libre arborant la bannière,
Je viens fêter la Constitution ;
Proscrite aussi, j'ai dû quitter la France,
Pour m'abriter sous un climat plus doux,
Mais au foyer j'ai laissé l'espérance...
En attendant, je m'arrête chez vous.

Au cri d'appel des peuples en alarmes,
J'ai répondu par un cri de réveil,
Sourds à ma voix, ces esclaves sans armes
Restèrent tous dans un profond sommeil.
Réveille-toi, ma Pologne héroïque,

Car, pour t'aider, je m'avance à grands pas :
Secoue enfin ton sommeil léthargique...
Et je le veux, tu ne périras pas.

Un mot d'amour à la belle Italie :
Courage à vous, Lombards, je reviendrai.
Un mot d'espoir au peuple de Hongrie :
Forte avec tous, et je triompherai !
En attendant le jour de délivrance,
Priant les dieux d'écarter leur courroux,
Pour faire luire un rayon d'espérance,
Bons Savoisiens, je resterai chez vous.

Défendez-moi, même au prix de la vie ;
Soutenez-moi, jusques aux derniers jours ;
Sous les couleurs de la jeune Italie,
Fière avec vous, je combattrai toujours.
Unissez-vous, enfants de la Savoie,
Ralliez-vous, gardes nationaux,
De l'avenir pour indiquer la voie,
Je resterai sous vos nobles drapeaux.

Allobroges vaillants, dans vos vertes campagnes,
Accordez-moi toujours asile et sûreté,
Car j'aime à respirer l'air pur de vos montagnes,
   Je suis la liberté.

EUGÈNE DESSAIX

A Jean-Pierre Veyrat.

Mais il restait des cœurs sensibles à tes peines
Il en restait encore attachés à tes pas!...
Innocente victime! enfin tombent tes chaînes...
Ton esprit fut bien grand, tes forces, plus qu'humaines,
Pour plaindre et pour aimer ceux qui ne t'aimaient pas!

Car j'ai lu dans tes vers de sublimes louanges,
Poëte, de la tombe au jour ressuscité!
J'ai compté tes douleurs, pesé tes maux étranges;
Et sous des ailes d'or, j'ai vu des pieds d'archanges
Se frayer un chemin vers l'immortalité!

Mon âme a palpité d'une pensée amère,
Alors qu'elle entendit tes sanglots déchirants :
Exilé, je t'ai vu, sur la terre étrangère,
En cherchant le bonheur, ne trouver que misère
Et dans le désespoir passer tes premiers ans...

Je t'ai vu soupirer un chant de funérailles
Un hymne qui déchire et mon âme et mon cœur ;
Et le dernier adieu sorti de tes entrailles,
Dans un morne silence au pied de nos murailles,
Vint chercher une larme à l'œil pur de ta sœur.

Je t'ai vu quand la terre était sourde à ta plainte,
Lorsque l'homme, aveuglé, s'écriait : Dieu s'en va !...
Demander à genoux au pied de la croix sainte,
Une heure de repos, libre de toute crainte...
Une heure... pour rester seul avec Jéhova !...

Je t'ai vu, triste et sombre en face de l'abîme,
Rêver un vol de flamme, et mesurer les cieux ;
Te pencher sur le gouffre, abandonner la cime,
Et dans ta chûte immense être enfin la victime
      De ton essor audacieux.

Je t'ai vu toujours fier, renaître des ténèbres,
Te relever superbe aux rayons du soleil !...
Silence !... Le passé veut ses voiles funèbres !
Tu fis comme la foudre ! Elle remonte au ciel.

Et toujours plus grandi par ta chûte infinie,
Ta tête, dans l'espace a dépassé les airs.
C'est à nous d'expier ta cruelle agonie ;
D'effacer par nos pleurs trois ans de calomnie,
Et d'éteindre les maux que ton cœur a soufferts !

Poéte ! dans mon sein ta coupe s'est vidée,
J'ai bu jusqu'à la lie, à l'urne de tes pleurs ;
J'ai partagé le deuil de ton âme obsédée,
Et mon âme tremblante alors fut possédée
D'amour, pour tes vertus !... d'effroi pour tes malheurs !

Alors que mon regard, au rocher d'un rivage
    Aperçut ton livre inspiré,
    Seul être échappé du naufrage,
    Et debout encore sur la plage
    Où ton vaisseau fut déchiré...

Alors que défiant la vague et la tempête,
    Ton luth parut sur son écueil,
    J'entendis passer sur ta tête
    Des cris de bonheur et de fête !
    Alors tu brisas ton cercueil...

Alors aux yeux de tous la vérité géante
    Brilla comme l'astre du jour,
    Et la populace béante
    Te rendit son tribut d'amour...

Sois heureux désormais !... Ta main vient de dissoudre
Tout ce que l'injustice avait pétri de fiel.
La haine attend de toi que tu daignes l'absoudre
    Au nom de la terre et du ciel.

Sois heureux !... Le mensonge a honte et se retire !
Dans l'ombre du passé qu'il reste enseveli !
Reçois avec orgueil la palme du martyre,
Au sein de tes revers, ton cœur s'est ennobli...

Sois heureux !... L'avenir saura ta renommée...
Aujourd'hui c'est à toi de pardonner l'affront.
Et le prince, et le peuple, ensemble te diront
Que ta plume et ton cœur valent plus qu'une armée.

Chambéry, 9 Juin 1841.

ANTONY DESSAIX

LE MÉNAGE DU LAPIN

(TABLEAU DE MOEURS)

Le beau Janot Lapin venait de prendre femme.
Son père, un très bon père, avait choisi sa bru
Au sein d'une famille où régnait la vertu.
Pendant les premiers jours, l'époux, tout à sa flamme,
Portait à déjeuner à Madame en son lit,
Et faisait de son mieux les honneurs du ménage,
  En attendant qu'avec courage,
Comme c'est son devoir, son épouse les fit.
Mais cet « en attendant » dont l'attente était vaine
  Durait depuis une semaine ;
  Or, la semaine du lapin
C'est à peu près le quart du temps d'une portée.
  L'époux, un beau matin,
  Dit à l'épouse enfin :

— Ma femme, jusqu'ici tu t'es bien comportée,
      Et te voilà reconfortée :
      C'est le moment de prendre en main
Le soin de la maison avec tout son entrain.
— Oh ! laisse-moi dormir encor, lui répond-elle
      En se tournant vers la ruelle,
      Nous verrons à cela demain.

Le lendemain, déjà, dans la grange prochaine
Un coq, qui n'est pourtant pas des plus matineux,
      Chantait à gorge pleine.
      De Madame comme ses yeux,
      La fenêtre restait close.
      Le surlendemain même chose.
Madame avait un songe et l'oreiller de crin
Seul pouvait lui donner le secret de la fin.

Mais de l'époux cela ne faisait pas l'affaire,
      La vaisselle traînait par terre,
      Le lit n'avait pas été fait
      Depuis huit jours. Un lit de noce !
      Que le désordre est laid !
      Vrai, le renard le plus féroce
      N'aurait pas mis en état plus atroce
      Le malheureux buffet.
Il faut, se dit l'époux, que Madame se lève,
      Et quelque beau que soit son rêve,
      Il faut qu'elle passe au lavoir,
Et qu'au bout d'un balai son bras se fasse voir.
Est-ce assez pour un roi d'être assis sur un trône,
D'écouter, le matin, les vœux des courtisans,
De mettre sur son front, à midi, la couronne,
Et de flaner le soir, de ses deux bras ballants,
      Dans des salons étincelants,

Tout ennuyé de sa personne ?
Régner et gouverner implique le devoir,
Madame doit bien le savoir.
— Aujourd'hui nous allons, lui dit-il avec grâce,
Nettoyer le logis, mettre tout à sa place
Et pour ne vous déranger pas
Au milieu de vos embarras,
Je m'en vais de ce pas
Me promener sur la terrasse.

Quand il revint, un bon moment après,
Madame était à sa toilette,
Les quatre pieds sur les chenets,
Tortillant des colifichets,
Et lissant une collerette.
— Eh bien ! que faisons-nous, dit-il avec douceur ?
La vaisselle... — Ma foi, l'eau grasse me fait peur.
— Et chez vous qui lavait ? — Vraiment, c'était ma mère.
— Et qui faisait le déjeuner ?
— Ma mère encor, c'était facile à deviner.
— La chère femme m'exaspère !
Les enfants ? — Les petits, le soir, faisaient dodo
Sous la courtine,
Les plus grands jouaient au loto
Dans la cuisine,
A deux ou trois
Pois
La quine.
Et la mère en un coin travaillait de ses doigts
A quelque incommode reprise,
Ou d'un de ses bambins rallongeait la chemise...
— C'est une sainte, je le vois,
Que votre mère ; mais trop de sainteté frise
La borne de bonté permise.

Et le lit n'est pas fait!... Est-il une raison?...
— Ma mère aussi faisait les lits à la maison.
      — Comme cela, vous ne savez rien faire?
— Si ce n'est, répond-elle en minaudant, vous plaire.
— A ce compte, on ne plait pas longtemps.
— Je le sais, les lapins sont époux inconstants.
— Qui ne le serait pas! hà! je vous le demande?...
N'attendez pas pourtant que je vous réprimande.
J'aime mieux invoquer la bonne loi Naquet
    Et vous rendre votre paquet.
    Si jamais je me remarie,
    Ce dont vous m'enlevez l'envie,
    Je prendrai, (que tous les lapins
    Du monde en soient certains)
Une femme sachant faire œuvre de ses mains,
    Et se passer des mains des autres.
Je veux que ses parents, bien différents des vôtres,
    A leur fille aient donné le pli
    De faire elle-même son lit.

De ceci la morale est assez saisissante,
    On y voit clairement
    Qu'une mère vaillante
    Rend malheureusement
    Sa fille fainéante.

GEORGES DONDEVILLE

LE JOUR DES MORTS

Voici la saison noire... Au clocher le glas tinte,
Les corps des trépassés dans la funèbre enceinte,
    Dorment leur lourd sommeil.
Et leurs âmes, peuplant l'immersité béante
Volent autour de nous, soupirant dans l'attente
    De l'éternel réveil.

On entend leurs sanglots pendant les nuits d'automne,
Alors que le vent dit son refrain monotone,
    Sinistre et glacial ;
Quand de l'arbre jauni tombe la feuille morte ;
Que la neige et le froid, sombre et triste cohorte,
    Long cortége fatal,

Font redouter Novembre au malheureux qui pleure
De faim, d'effroi, d'ennui dans sa pauvre demeure,
    Près de l'âtre sans feu.

Et qui meurt, invoquant la justice divine
Pour les siens, tendrement pressés sur sa poitrine
    Dans un lugubre adieu !

O riche ! Toi qui cours au tourbillon des fêtes,
Bien vêtu, souriant au courroux des tempêtes,
    Aux longues nuits d'hiver,
Jette un peu de ton or au mendiant qui passe
Et songe que l'aumône effacera la trace
    De tes péchés d'hier.

Ah ! ne trouvons jamais la misère importune :
Ouvrons tout grands nos cœurs aux cris de l'infortune,
    Et donnons lui du pain,
Pour qu'à ses yeux reluise un regard d'espérance,
Pour adoucir un peu sa cruelle souffrance
    Et son amer destin.

Puis quittons un instant le gai foyer qui brille,
Le berceau de l'enfant, le nid de la famille.
    Les rêves d'avenir ;
Et, nous agenouillant, pensifs, au cimetière,
A nos morts bien-aimés donnons une prière,
    Un pieux souvenir !

SOUVENIR DE BRIDES-LES-BAINS

Dans un riant repli de nos Alpes altières,
    Frais vallon du Tempé,
Brides, verte oasis aux senteurs printanières,
    Dort sous un ciel d'été.

Aux bords du clair torrent qui roule en avalanche
    Ses flots d'un pur cristal,
Une naïade mire à son urne qui penche
    Son beau front virginal.

Elle offre ses trésors moyennant une obole
    A l'oisif opulent ;
Elle est l'amie aussi qui guérit et console
    Le malade indigent.

Elle a ses gais coteaux pleins d'ombre et de mystère
    Où vont les amoureux
Suivant, le cœur ému, le chemin de Cythère,
    S'égarer deux à deux.

Elle rit au soleil, qui fait sur la montagne
    Miroiter les glaciers,
Au doux astre des nuits versant dans la compagne
    La lueur aux sentiers.

Elle garde pour vous, Mesdames, ses caresses,
    Ses oiseaux et ses fleurs ;
Pour vous elle a, Messieurs, des périls pleins d'ivresses,
    De sauvages splendeurs.

De grands monts couronnés d'une neige eternelle
    Des pics immaculés,
Des rocs d'où l'aigle noir s'enfuit à tire d'aile
    Vers les cieux étoilés.

Bozel et Champagny, Pralognan, La Vanoisc,
    Où bondit le chamois,
Les châlets, les forêts où rougit la framboise ;
    Les parfums des grands bois ;

Et plus haut dans l'azur, les indomptables cimes
      Dressant leur front hautain ;
Des glaces, des névés, d'insondables abimes,
      Des murailles d'airain.

Perle de Tarentaise, ô Brides, le murmure
      De la brise du soir,
Aux baigneurs enchantés de ta fraîche verdure
      Dis ces mots : « Au revoir ! »

Et moi qui sens couler le vieux sang allobroge
      Dans mon cœur libre et fier,
Séduit par toi, je viens célébrer ton éloge
      Sur mon luth, né d'hier !

OCTAVE DUCROS DE SIXT

LA GUERRE FUTURE

Debout ! voici l'heure arrivée.
Ce ne sont plus quelques soldats,
C'est la France qui s'est levée
Toute entière, ardente au combat.
Si jamais tu couvris de gloire
Nos vieux drapeaux, reviens, victoire,
Reconnais-les : plane sur eux !
Toi qui fus sévère, soit juste,
Et refais l'édifice auguste,
Le cher pays de nos aïeux !

Au départ, point de cris de fête !
C'est plus tard qu'ils éclateront,
Lorsque la tâche sera faite,
Quand sera lavé notre affront.
Pour aliment à notre joie
Nous ne demandons pas de proie

Qui reste dans nos bras sanglants
Mais notre âme et notre attente,
C'est de montrer agonisante
La violence aux violents !

Détruisons leur œuvre cruelle.
Oh ! comme on va compter nos coups !
Entre le Rhin et la Moselle
Combien de cœurs battent pour nous !
Comme on y tend déjà l'oreille,
Ecoutant si l'écho s'éveille
Au son connu de ce tambour
Qui doit annoncer aux vallées
Qu'elles vont revoir, consolées,
Passer la France de retour !

En avant ! Il faut que nos armes
Aillent, plus loin, parmi les cris,
La terreur, le sang, les alarmes,
Ressaisir ce qui nous fut pris.
Il faut que notre pied poursuive
Jusque chez lui, sur l'autre rive,
Le ravisseur ; que notre bras
Sur son propre sol le terrasse.
Que nous broyions la main tenace
Dont les doigts ne se rouvrent pas

C'est votre tour, dure Allemagne !
Tu nous laisses à méditer,
Ici, ta dernière campagne,
N'est-il pas bon de t'imiter ?
La savante et calme rapine,

D'un pas mesuré la ruine
Faisant son farouche chemin,
De loin la bombe et la tuerie,
Le carnage sans la furie,
Faut-il s'en souvenir demain ?

On peut te dire tes maximes ;
Nous t'avons gardé tes décrets :
Ta justice inventant les crimes
Qu'elle punit par ses forfaits ;
La flamme sur toute une ville,
Si quelque volonté civile
Cherche à lutter ; ce feu vengeur
Anéantissant le village,
Témoin coupable du courage
A combattre l'envahisseur !

Nous nous souviendrons ! — Il importe
Que tu ne puisses revenir !
Que ce soir passé nous exhorte,
Dans la mêlée à bien agir !
Quand on survit à ce supplice,
Il faut que le cœur en frémisse
Pour rendre invisible le bras ;
Pour chasser malgré leurs fanfares,
Ceux qui sont restés les barbares
En faisant œuvre de soldats !

Mais, nous, nos mémoires sont fières !
Si ton front est humilié,

Tes campagnes et tes chaumières
Pourront dire : — Ils ont oublié ! —
Hier, à tous, ta voix hautaine
Vantait la victoire germaine ;
Pour demain notre ambition
Est, lui montrant notre victoire,
De faire juger par l'histoire
Quelle est la grande nation !

LE MONUMENT DE LA VICTOIRE

A BERLIN

Dresse ton monument, ô Prusse, à la Victoire ;
Appelle autour de lui tes fils et l'étranger ;
Notre bouche n'a point à parler de ta gloire
Et l'insulte sied mal à qui veut se venger.

Use donc de ton droit. Ce n'est point une injure
A mettre plus de flamme en nos cœurs si brûlants :
Tes outrages déjà dépassaient la mesure ;
Tu nous laisses, plus près, des affronts plus sanglants.

Il nous reste de toi, sur la terre natale,
Bien d'autres souvenirs qui nous parleront mieux ;
Mais, Allemands, Berlin, c'est votre capitale :
Cet éclatant trophée, il est fait pour vos yeux !

Si jamais vous sentiez s'obscurcir vos mémoires,
Venez, il vous rendra votre éblouissement ;
Et chacun de ces noms vous répète vos gloires,
Peuples frères, ô fils de l'empire Allemand !

Que le même rayon dans tous vos regards brille ;
C'est ici que vos cœurs pourront s'épanouir !
Les plus doux des bonheurs sont ceux de la famille :
O vainqueurs, entre vous, venez vous réjouir !

Mais parmi les exploits d'où naquit votre empire
Et que d'un burin fier sur bronze on gravera,
Avant les noms français que je ne veux pas lire,
Je veux vous en montrer un du moins : Sadowa !

Sadowa !... Vous savez ce que ce mot recèle ?
Vous combattiez alors, Hessois, Wurtembergeois ;
Vous combattiez, Saxons... Et Sadowa s'appelle
Dermbach et Kissingen pour vous, ô Bavarois !

Sadowa ! c'est le nom unique qui résume
Tous les autres, alors que d'un commun effort
Vous cherchiez vainement à briser sur l'enclume
Le joug d'acier, forgé pour vous tous dans le Nord !

Pour les avoir reçus, vous connaissiez d'avance
Quels coups forts sont frappés par vos héros germains ;
Falkenstein, Manteuffel, avant d'entrer en France,
N'avaient-ils pas du sang, le vôtre, sur leurs mains ?

Qu'importe ! Entourez-la, cette haute colonne
Qu'en votre honneur à tous dressa le frère aîné.
Ce n'est pas pour si peu que chez vous on s'étonne :
Le trophée est ainsi plus richement orné !

En quoi ce souvenir pourra-t-il vous déplaire ?
Avec raison l'aîné compta sur votre cœur :
Doit-on être envieux du triomphe d'un frère ?
Si vous fûtes vaincus, n'est-il pas le vainqueur ?

Hurrah donc ! Wurtemberg, Hesse, Nassau, Bavière,
Hanovre, Saxe, ici courbez gaiement le front !
Hurrah ! Saluez-la, cette colonne altière,
Et tout près de la gloire, applaudissez l'affront !

L'ABBÉ HILAIRE FEIGE

ÉPISODE DES TEMPS GAULOIS
EN SAVOIE

(FRAGMENTS)

A ces mots, Marcella dont le calme sourire
Bravait de ses bourreaux les sarcasmes sanglants,
Porte un regard d'amour vers le ciel qui l'inspire,
Puis exhale son âme en ces soupirs brûlants :

Oh ! que j'eusse voulu sur la royale arène,
Dieu des martyrs, ô Christ, témoigner de ma foi !
Dans quel sublime essor mon âme souveraine,
Libre de ses liens, eût volé jusqu'à toi !
J'avais à Lugdunum l'exemple de ma mère
Broyée, au champ d'honneur, sous la dent des lions ;
Et dans le monde entier l'exemple et la prière
De tes heureux martyrs qui tombent par millions !
Mais enfin voici l'heure où ta fidèle épouse

Va recevoir le prix de ses longues douleurs,
Jusqu'au dernier soupir, de ton honneur jalouse
Elle implore une grâce, ô divin Roi des cœurs,
Et, pour me l'obtenir, mère sainte et chérie,
Tu dois intercéder au céleste séjour :
Mon père adore encor les dieux de sa patrie
Mon époux à Satan consacre son amour :
Cette grâce, ô Jésus, c'est qu'à ta voix divine
L'erreur de son esprit disparaisse à jamais,
Qu'aux splendeurs de la foi son âme s'illumine,
Et que je puisse au ciel voir celui que j'aimais !
— Et toi, grand Anicet, saint pontife de Rome,
Toi dont la main bénie a versé sur mon front
L'eau que Dieu consacra pour régénérer l'homme,
Et pour le racheter de l'éternel affront :
Quand ton peuple, à genoux, à ta voix vénérable,
Implorera de Dieu la force et le soutien,
Quand tes mains offriront la victime adorable
Pour les persécuteurs, pour le monde chrétien :
Oh ! puisse ta prière en bienfaits si féconde,
Puissent tes saints martyrs conquérir à la foi
Cette Reine cité qui gouverne le monde,
Subjugue le barbare et lui dicte sa loi !..
Comme plus doux alors aux nations soumises
Son sceptre avec bonheur se ferait accepter !
Son front se couvrirait des couronnes promises
A tout peuple choisi que Dieu veut exalter !
La Gaule, renonçant à son coupable culte,
De notre loi d'amour goûterait la douceur,
Adorerait bientôt ce que son cœur insulte,
Et trouverait en Dieu sa gloire et son bonheur.
Pour vous, frères chéris, qui m'arrachez la vie,
Puisse Dieu de son sang vous ouvrir le trésor,
Et, délivrant votre âme à l'erreur asservie,

Vous faire des chrétiens partager l'heureux sort.
O peuple malheureux...
                    Un éclair de colère
A jailli tout à coup dans la troupe guerrière,
Et chacun secouant sa chevelure d'or :
— Grand druide, entends-nous ! pourquoi tarder encor ?
Que ton glaive vengeur frappe cette victime
Sa bouche a blasphémé contre la nation !
Que son sang, Teutatès, en expiant son crime,
Porte sur les Romains sa bénédiction ! —
Ils disent ; et prenant de leur main frémissante
Les crânes desséchés des ennemis vaincus :
— Frères, que l'hydromel à la vertu puissante,
Dont le doux flot se mêle à l'amer sambucus,
De nos cœurs abattus ressuscite la flamme.
Si tu vois au combat pâlir notre fureur,
Accours, ô grand Esus, et prête-nous ton âme ;
Teutatès, couvre-nous de ton bras protecteur !
— Les crânes sont remplis de la liqueur divine,
Sur les guerriers voltige un sourire sanglant,
A leurs traits contractés leur rage se devine,
Levant la coupe au ciel ils boivent en chantant :
— Guerre aux Romains !.. Non, Non ! jamais notre patrie
Sous le joug étranger ne courbera le front,
Nés sous ton beau soleil, ô liberté chérie,
Comme nous, sous tes feux, nos enfants règneront.
Dieu vengeur, ô Tarann, que ta coupe est amère !
A d'éternels revers veux-tu nous consacrer ?
Quoi ! Rome envahirait la Gaule, notre mère,
Pour enchaîner ses fils ou pour les massacrer ?
Protège, ardent guerrier, tes enfants, ton épouse,
Tends ton arc avec force et fais vibrer le dard !
Oui ! de sa liberté ta patrie est jalouse,
Défends jusqu'à la mort son auguste étendard,

Peut-on trembler sous votre égide
Guerriers vaillants, sacrés dieux,
Votre âme à nos destins préside,
Et vos exemples glorieux
Bien plus que l'hydromel ou la bière enivrante
Entraîneront nos pas dans l'arène sanglante
Pour défendre nos droits et notre liberté !
Frères, pour la patrie heureux celui qui tombe !
Au Walhala sacré tout soldat qui succombe
S'enivrera de gloire et d'immortalité.

Tout se tait ! la victime étendue et muette
Déjà sur le dolmen attend le coup mortel.
Le druide appuyant sa clef d'or sur sa tête,
Invoque les aïeux par ce chant solennel :

— Héros illustres, dont la cendre protectrice
Repose et nous entend sous cet autel sacré,
Recevez sur vos fronts le sang du sacrifice !
Vous, dont le bras puissant est partout célébré,
Oh ! Puissiez-vous sauver la patrie en alarmes
Et rendre à leurs beaux jours la Gaule et ses enfants !
Et toi.....

LES GUERRIERS

D'où viennent donc ces lueurs incertaines ?
L'ennemi fond sur nous !.. ô dieux ! des voix romaines !
Chevaux ! boucliers ronds !... heaumes étincelants !
Ce sont eux ! grand Esus, leur légion s'élance,
Protège-nous !
          Soudain, un choc affreux commence,
Une grêle de traits voile les combattants ;
Le druide oubliant de frapper la victime,
Tourne vers l'ennemi son bras désespéré ;

Barde, ovate, guerrier que sa voix sainte anime
Battront jusqu'à la mort sur ce terrain sacré.
Dards sifflants, cris confus, bouillant coursier qui tombe,
Glaive, armure en éclats, soldat blessé qui meurt :
Le cromlech disparaît sous la vaste hécatombe,
Dans le bruit d'une immense et sinistre clameur.
Le désespoir succède au valeureux courage,
Les Romains ont cerné le terrible Gaulois :
Sous leurs coups celui-ci sent redoubler sa rage,
Il s'avance, il recule, et s'élance vingt fois,
Et vingt fois abattu, vingt fois il se relève,
Sur les rangs ennemis comme un tigre il s'abat,
L'arc se brise en sa main, il agite le glaive
Et semble disputer la palme du combat.
Mais c'est en vain qu'il frappe, et sa troupe aguerrie
En vain porte partout le carnage et la mort,
Envahi par le flot des Romains en furie,
Débordé par le nombre et vaincu sous l'effort,
Il succombe !...
            Un profond, un lugubre silence
A plané tout à coup sur le front des guerriers,
Les Gaulois sont tombés, mais non pas sans vengeance;
Huit cents Romains, tombés sous leurs coups meurtriers!
. . . .
Le jour point ! Des flambeaux la sombre flamme éteinte
Ne verse plus au loin ses sinistres clartés;
Le général paraît au milieu de l'enceinte,
Jette un ardent regard sur ces lieux dévastés.
Un orage terrible éclate dans son âme :
Il n'est pas venu vaincre, il est venu venger !
Et rien ne s'offre à lui pour répondre à sa flamme !
Et son trésor demeure aux mains de l'étranger !
— La captive l'a vu : « Marcellus !... ô mon père !... »
Puis regardant le ciel : « O Dieu sauveur, merci !... »

Et déjà Marcellus gagnant la large pierre,
Avait brisé ses fers : « Quoi ! ma fille est ici,
Sur l'autel ? enchainée ? ô sacrilège culte !
Ma fille allait tomber sous leur glaive inhumain !
Ils devront dans leur sang expier cette insulte...
Ah ! que n'ai-je frappé ton bourreau de ma main !
O Marcella, ta vue a calmé ma souffrance ;
En vain j'avais fouillé les plus sombres forêts,
Chaque jour emportait un rayon d'espérance
Et consumait mon âme en de mortels regrets ;
Je te retrouve enfin, fille de ma tendresse !... »
Et Marcella, perdue en doux embrassements,
Disait par ses soupirs son ineffable ivresse,
Quand Marcellus ainsi dévoila ses serments :
— « O Christ, j'avais juré d'embrasser ta loi sainte,
Si tu calmais les maux dont mon cœur se mourait,
Si je pouvais encor, dans une ardente étreinte,
Baiser ce front chéri que mon âme adorait :
Ton bras vient d'exaucer ma douleur suppliante,
Mon cœur à ton amour est à jamais acquis.
J'adore, ici, mon Dieu, ta main toute puissante,
Par un double miracle, oui, ton cœur m'a conquis.
Prends ta victime, ô Christ, commande, sois mon maitre
J'abjure les faux dieux ! Me voici, que veux-tu ? »

JOSEPH GAVARD

LE PAPILLON ET LA CHANDELLE

(INÉDIT)

Un papillon de nuit, jeune encore... — Eh ! plus vieux
        Eût-il fait mieux ?
Et ne ferions-nous pas justement de la sorte ?
A votre mâle avis, seigneurs, je m'en rapporte ! —
Un papillon, disais-je, aussi noir que léger,
Dans mon alcôve, un soir, se mit à voyager,
        Prenant pour soleil ma chandelle.
Vous ne croiriez jamais combien, occupé d'elle,
Il vole à gauche, à droite, en arrière, en avant.
        Et plus prompt que le vent,
S'en éloigne ou rapproche, inconstant et fidèle.
Il ne voit qu'une image à travers cent coups d'aile
Comme autrefois, dit-on, les chevaliers errants
Ne songeaient qu'à leur dame, en cent lieux différents.

Un instant, mon plafond à surface blanchie
Tenta du pèlerin la course irréfléchie;
    Mais vainement il y montait,
Des assauts vainement il accroissait le nombre,
En cherchant la lumière il rencontrait son ombre,
Et lui-même à lui-même, à tout coup, se heurtait.
A ce jeu-là, pensif, je reconnais l'histoire
    De nos propres illusions,
Et laissant choir ma plume au fond de l'écritoire,
    Je me perds en réflexions.

Mon amoureux aussi considère peut-être
Qu'il perd son temps à louvoyer,
Et que dans la chandelle est le réel foyer
    Des clartés attirant son être.
Le voici de nouveau qui papillonne autour,
Et de si près, hélas! (Car on sait qu'au retour
L'absent qui vous aima vous aime davantage)...
De si près, que voyant où son ardeur l'engage:
Imprudent, m'écriai-je, arrête... Ainsi faut-il
    Laisser l'amour, poison subtil
    Faire un long circuit dans les veines?
Que la jeunesse est folle et ses passions, vaines!
Arrête, il en est temps, arrête!... Il ne le peut:
    Voisin comme il est de la flamme
    Il ne craint feu, ni plomb, ni lame,
    Et mes discours lui servent peu.
Déjà comme il sentait crépiter sa pauvre aile:
« Merci, me disait-il, merci, beau moniteur,
« Mais tiens en pareil cas pour bon prédicateur
« Celui que... celui qui... soufflerait la chandelle!

Je la soufflai, — trop tard! — puis me cassai le nez
    A saisir vite une allumette

Qui me brûla les doigls... Quelque soin qu'on y mette
Hommes ni papillons ne semblent destinés
  A faire à propos toutes choses.
  Non plus, je crois, ils ne sont nés
  Pour ne rencontrer que des roses.

CE QUE J'AVAIS RÊVÉ

A mi-côte au soleil une maison champêtre,
Petite, blanche et verte; au seuil un gai rosier;
Un long rideau de lierre entourant la fenêtre,
Au fond du jardinet un saule, un cerisier.

Une compagne aimée, un enfant, deux peut-être,
Nous souriant dès l'aube en leur couche d'osier;
Un chien qui du logis soit plus que moi le maître;
Dans la cage un oiseau qui chante à plein gosier.

L'eau venant de la source, et le miel, de la ruche,
Et les pommes, de l'arbre; et, tout frais dans la huche,
Le pain bis dont le pauvre ait son lot réservé;

Enfin, sous la tonnelle où le nectar s'épanche,
Des amis à fêter pour chaque beau dimanche.
Voilà ce que j'avais, ambitieux, rêvé!....

AMÉLIE GEX

STABAT MATER

Elle était là, debout, la mère désolée
    Près du divin martyr ;
Sous le poids des tourments la victime accablée
    N'avait plus qu'à mourir.

Tout en elle souffrait, une angoisse mortelle
    Se voyait sur son front,
Et chacun des soldats qui se tenait près d'elle
    Lui jetait son affront.

Elle était là debout, et sur la croix infâme
    Son fils agonisait ;
Les ombres de la mort envahissaient son âme
    Et son cœur se brisait...

« J'ai soif ! » disait Jésus. La horde meurtrière
    Lui présenta du fiel.
Et sa mère, en pleurant, soupirait sa prière
    En regardant le ciel.

Elle écoutait Jésus qui lui disait : « Ma mère,
  Malgré notre abandon
Qu'un mot reste ici-bas aux hommes de la terre,
  Ce mot, c'est le pardon !

O femme, vous direz à ceux qui m'abandonnent
  Qu'un frère les bénit.
Restez pour les aimer ; que nos deux cœurs pardonnent
  A ceux qui m'ont maudit. »

Vierge, qui partagiez le sanglant sacrifice
  De l'Homme de douleurs,
Dans nos âmes versez les gouttes du calice
  Où sont tombés vos pleurs.

Oh ! laissez-nous mêler nos larmes à vos larmes !
  Dans notre cœur contrit
Imprimez, comme un sceau, le remords des alarmes
  Qu'endura Jésus-Christ.

SONNET

Tu seras donc toujours le douteur éternel,
 Sombre chercheur humain ? Ta raison qui vacille
Va d'erreur en erreur, à tout joug indocile,
Proclamant du néant le règne solennel.

Contente si tu veux, ton désir criminel,
Va, soutiens fièrement ta lutte difficile,
Chasse de ton foyer comme un hôte inutile
La pauvre âme accouplée à son tyran charnel ;

Creuse-toi, pour dormir, un lit dans la poussière,
Et dans ce trou profond, impénétrant et sourd,
O brute ! si tu peux, rends ton somme plus lourd,

Car si les âpres vers entr'ouvraient ta paupière,
Peut-être verrais-tu, fuyant l'œil de son Dieu,
Passer ton âme errante en un coin du ciel bleu !...

LA PAQUE DU PAUVRE

C'était Pâques : la foule accourait à la messe ;
Aux prêtres entonnant l'immortel *Gloria*
Les chantres répondaient par ce cri d'allégresse :
   In excelsis ! Alleluia !

Dans les airs se mêlaient de chaque sonnerie,
En sons clairs et vibrants, les joyeux carillons ;
Le soleil égrenait sur la Pâque fleurie
   Ses sourires et ses rayons.

La joie était au ciel et la paix sur la terre ;
On sentait du réveil l'intime émotion ;
Dans les temples chrétiens résonnait la prière
   Du jour de Résurrection !

Un pauvre malingreux, vieillard à barbe grise,
Humblement dans un coin se tenait à genoux,
Et sur chaque fidèle arrivant à l'église
   Jetait un regard triste et doux.

Mais la foule avançait sans jamais prendre garde
Au pauvre, qui semblait faire tache en ces lieux,
Et le suisse, en passant, avec sa hallebarde
      Mit à la porte ce bon vieux.

Le mendiant chassé de la sainte demeure,
S'aidant de son bâton, sur le champ se leva,
Mais tout bas il disait : « Faut-il donc que je meure
      Près de ta porte, ô Jehova ! »

Et triste il s'en allait, l'œil morne, tête nue,
Seul avec son affront, seul avec son malheur !
De tous ceux qui passaient près de lui dans la rue,
      Aucun ne voyait sa douleur.

Il marcha bien longtemps, murmurant sa prière.
Et quand le soir tomba, sur le bord du chemin
Le pauvre, pour dormir, s'approchant d'une pierre,
      Vit le caillou devenir pain !

Une voix qui, sans doute, était celle d'un ange
Dit au vieillard : « Avant de dormir en ce lieu,
O pauvre cœur croyant, prends cette pierre, et mange ;
      C'est là l'aumône de ton Dieu ! »

LE SOIR

Souvent, par les beaux soirs doux et chauds de septembre,
Alors qu'à l'horizon les flots de pourpre et d'ambre
Ont voilé du soleil le féérique cercueil,
J'aime à voir s'avancer, impalpable fantôme,
Du profond des ravins, vers les vieux toits de chaume
      La nuit grave en son deuil.

Sur les bois assombris, quand sa grande aile passe,
Les oiseaux près des nids chuchotent à voix basse
Dans leur derniers refrains la prière du soir,
Et les pâtres errant sur les abruptes pentes
Redisent, tour à tour, de leurs voix indolentes
  Le chant de l'abreuvoir.

L'ombre, comme un serpent monstrueux qui se coule
A travers les halliers, lentement se déroule
Sur les gazons moussus au pied des sapins verts :
Près des saules en pleurs, la chouette pensive
Fixe, encor incertains, sur les joncs de la rive
  Ses grands yeux entr'ouverts.

Les piétons attardés, marchent déjà plus vite ;
Les ramiers voyageurs s'en vont chercher un gîte
Sous les rameaux touffus du chêne au port altier ;
Et l'on voit, enlacé, s'éloignant du village
Un couple s'égarer sous le propice ombrage
  De quelque étroit sentier.

Comme l'abeille au soir revenant de la plaine,
On entend bourdonner la grande ruche humaine ;
De mille bruits divers les échos sont frappés ;
Le bœuf traîne, à pas lents, les lourds chariots rustiques ;
L'ânier chante, en suivant les baudets apathiques
  Sur les monts escarpés.

La cloche égrène au loin chaque note argentine ;
Le cheval, déjà las, sous le fouet se mutine
Et l'air vibre en triplant l'aigre son des grelots ;
Le batelier rêveur sur sa barque s'avance
Fredonnant un refrain qu'accompagne en cadence
  L'aviron sur les flots.

La brise s'amollit, et son aile fermée
Emporte vers les monts de la plaine embaumée
Les suaves senteurs des sainfoins odorants,
Le jour fuit à regret, laissant trainer encore
Sur les pâles glaciers, comme un or incolore
      Quelques rayons mourants,

Puis le couchant bleuit et chaque bruit s'apaise.
Seul, le vent se lamente en courbant le mélèze.
Une étoile apparait dans le sombre décor,
Et la nuit, s'emparant de son vaste domaine,
Voit soudain ruisseler sur son manteau de reine,
      Mille paillettes d'or.

Octobre 1875

L.-JOSEPH GRANDPERRET

L'HIDALGO

(CONTE D'ESPAGNE)

I

A l'époque où le roi Philippe Deux le sombre
Brassait les millions dans ses édits sans fin,
Un certain duc Vasquez, imitant le grand nombre,
Ne mangeait pas toujours... et jamais à sa faim.
Du reste étant très noble, — et de vieille noblesse, —
Il avait un palais — de tous côtés béant ;
Gardant un fort bel air, il couvrait sa détresse
D'un manteau convenable et d'un pourpoint séant,
Empruntant dans ce but à ses défunts ancêtres
Les chausses qu'ils portaient au temps de Charles-Quint,
Et taillant tout le reste au damas des fenêtres.
Ayant un laquais maigre, il l'appelait : coquin.
Au surplus descendant tous les jours sur la place,
La moustache luisante et le pas dégagé,
La main sur la flamberge et la joie à la face,

Tout fleuri d'un repas qu'il n'avait pas mangé.
Enfin ce claque-dent au costume bizarre
Sachant quand les beautés sortent se confesser,
Jouait de l'œil, le jour, le soir, de la guitare,
Puis s'endormait heureux sous son toit crevassé.

II

Or comme on avançait vers les Pâques fleuries,
Notre homme, jugeant bon de faire son printemps,
Découpa proprement quelques tapisseries
Et se vêtit à neuf, sans nuls deniers coûtants.
Le lendemain, paré des bras de Charlemagne,
Et le torse cambré dans le pourpoint d'Artus,
Portant le front très haut comme un vrai grand d'Espagne,
Il sortit en vainqueur, dressant ses crocs pointus.
Comme il allait ainsi, content de sa tenue,
Le talon conquérant, le regard querelleur,
Il vit — ô pure chance ! — une aimable inconnue —
Qu'une affreuse duègne escortait par malheur.
La suivre pour savoir comment elle se nomme,
Connaître sa coutume, en tirer bon profit,
C'est bien là ce qu'eût fait tout galant gentilhomme :
Il était gentilhomme et c'est bien ce qu'il fit.
Donnant à sa démarche une élégance exquise
Il essaya d'ouïr tout en restant discret :
La dame était fort jeune, orpheline et marquise,
Possédait un tuteur, s'ennuyait en secret,
Rêvait assez souvent sur son livre de messe
Et sans l'avoir appris, derrière l'éventail
Avait certains souris doux comme une caresse,
Capable de damner un saint sur un vitrail.
Vasquez, tout transporté de sa belle aventure, —
D'autres le sont parfois pour bien moins que cela —
Jugea l'instant venu de prendre une autre allure

Et toussa pour montrer qu'il se trouvait par là.
La dame, au moment même, arrivait à sa porte
Et, comprenant l'appel, eut un regard furtif ;
Mais en voyant Vasquez, accoutré de la sorte,
Une main sur son cœur, l'œil mourant et plaintif,
Et ressemblant très fort au ridicule sire
Dont Cervantès chantait les amoureux revers,
Sans plus s'embarrasser elle éclata de rire
Et le laissa piteux et l'esprit à l'envers.

« Oh ! vierge du Pilar ! que la femme est étrange, »
Murmura-t-il tout bas. Puis il s'en fut ailleurs.

III

Mais il eut beau courir : partout un mauvais ange
Emplissait son cerveau des grands éclats railleurs
De la belle marquise au sourire perfide.
N'étant point du tout sot, il se dit, très certain :
« Me voici bien logé, cœur féru, bourse vide !
« Le hasard, par mon âme ! est un plaisant lutin !
« Je ne demandais qu'une dame un peu triste
« Pour lui faire ma cour, apaiser son chagrin,
« Dire sous son balcon quelque chant fantaisiste
« Et mettre dans ma vie un peu de bel entrain.
« Agréable projet ! charmante perspective !
« Eh bien non ! tout à coup me voilà pris d'amour !
« Encor, si la donzelle eut été moins rétive !
« Mais bast ! on vous regarde, et puis, beau troubadour,
« Pousse de grands soupirs, morfonds-toi, c'est très drôle !
« Allons n'y pensons plus ! »
              Il y pensa si bien
Que dès le lendemain, plus larmoyant qu'un saule
Il sortit à même heure. Oh là ! ne voulant rien
Que la voir un instant pour l'oublier ensuite.

Il la vit en effet — et plus belle qu'hier.
Puis comme il était là, se mettant à sa suite,
Il fut jusqu'à sa porte intrépide et très fier.
Il reçut même accueil, essuya même rire,
S'en alla furieux, revint le lendemain,
Et son ardeur bientôt aboutissant au pire,
Il élut domicile au milieu du chemin.

IV

Or, tandis qu'il creusait sa tristesse navrante,
Perdant son appétit et sa belle gaité,
La marquise Carmen, d'abord très mécontente,
Le voyant toujours là, se dit de son côté
Qu'à défaut d'autre chose, il avait la constance ;
Que cet air malheureux ne lui seyait point mal ;
Et qu'après tout, enfin, cet amour à distance
S'il n'était pas brillant, était original.

La curiosité vint après l'habitude.
Certain soir qu'il partait, morne et les yeux rougis,
Faisant faire un lacet à sa duègne prude,
Elle voulut connaître à son tour, son logis.
Oh ! c'était innocent ! rien qu'un simple caprice !
Et puis le pauvre sire était trop absorbé
Pour l'aller voir ! Les cils baissés comme un novice,
Il retournait tout droit à son palais tombé...

Quand la marquise vit les murs chargés de lierre,
Le perron chancelant, l'herbe folle partout,
Cette antique splendeur s'en allant pierre à pierre,
Elle sentit son cœur se serrer tout à coup...
Don Vasquez au travers de sa splendeur gisante
Gardant le souvenir d'autres temps plus heureux,
Se redressait, superbe et la mine imposante,

Ferme et vaillant débris d'une race de preux.
Et comme un mendiant, coupant sa ritournelle,
Lui tendait son chapeau, se lamentant très fort,
Le ridicule sire, ouvrant son escarcelle,
Tirant sans hésiter sa seule pièce d'or,
Lui dit d'une voix rude et mâlement timbrée :
« Tiens, ce sequin, maraud, prends-le ! je t'en fais don. »

Et Carmen, sous les yeux de la vieille effarée,
Lui tendit ses deux mains en murmurant « Pardon ! »

AME GÉANTE

A Charles Buet.

Il s'en va par le monde ainsi qu'un réprouvé.
Cependant il est grand : son âme est des plus belles ;
Il cherche à qui léguer le feu qu'il a trouvé ;
Mais le siècle est de glace et les âmes, rebelles.

On l'a proscrit d'abord, sans l'avoir éprouvé :
Lorsqu'il dit aux humains les choses éternelles
On s'écarte : et, tout seul, à ce monde rivé,
Il poursuit, emportant ses tristesses mortelles.

Son mal est d'aimer trop, son tort, de trop savoir.
Lassé du chemin fait, plus courbé chaque soir,
Il voudrait découvrir le terme qu'il envie ;

Et, pleurant dans son cœur, mais essuyant ses yeux,
Pris d'un doute cruel, il redemande aux cieux
Si pour l'âme géante il est une autre vie.

VIEILLE HISTOIRE

Dans son palais d'azur, oubliant son tonnerre,
Le Créateur, ému, souriant, paternel
De sa main lumineuse achevait pour la terre
L'Été fait de rayons, l'Automne, d'hydromel.

Et quand il eut jugé que son œuvre était bonne,
Il leur montra le globe aride et dépouillé ;
L'Été prit son essor flamboyant ; puis l'Automne
Suivit, en entr'ouvrant son grand manteau rouillé.

Or quand l'Été brûlant fut au seuil de l'espace
Il vit un vieux tout blanc qui lui tendait la main,
Disant : « Je suis l'hiver, je te cède la place,
« Je fus roi jusqu'ici, tu le seras demain. »

Et comme, en s'en allant, il secouait le givre
Qu'il avait ramassé par les monts et les vaux,
Quelques flocons légers, sur l'Été fier de vivre
Tombèrent, — en poudrant son bouquet de pavots.

Dieu qui les regardait vit cette étrange chose :
L'Été beaucoup moins rouge et l'Hiver moins chenu.
Plongeant alors la main dans l'immense inconnu,
Pensif, Il en tira le Printemps et la rose...

EUGÈNE L'HÉRITIER

LA SAVOISIENNE

Dédiée à M. le docteur Coster,
Président de la Société Philantropique Savoisienne à Paris.

Dieu nous a dit un jour : la Patrie est aux Cieux
Où le mal se répare, où le bien est à faire ;
Pour vivre dans le Temps, je vous donne la terre,
Et pour vivre sans fin, je vous garde les cieux.
Vos frères sont partout : cherchez par les campagnes
Celui dont le cœur souffre et veut être allégé,
Celui dont le bonheur veut être partagé,
  Mais n'oubliez pas vos montagnes.

Comme Dieu l'avait dit, nous sommes descendus
Des monts que le soleil à son lever colore ;
Et, loin des beaux lacs bleus où se mire l'aurore,
Nos pas se sont rejoints et nos cœurs, entendus.
Le travail, le savoir, des amis, des compagnes,
Tout ce que l'homme doit modestement rêver,
Ici, comme là-bas, nous l'avons su trouver,
  Mais sans oublier nos montagnes

Voyageurs non perdus sous un ciel étranger,
Nous avons notre place au foyer de la France ;
Nous aimons et suivons avec reconnaissance
Les lois qu'elle se donne et nous fait partager.
Chez elle, nos vertus ne sont pas exilées,
C'est une autre patrie, une amie, une sœur ;
Nous avons entendu retentir en son cœur
   Le pur écho de nos vallées.

Où nos aïeux sont morts, où nous devons mourir.
Gardons ce germe saint d'honneur héréditaire,
Qu'en nos cœurs, au départ, déposa notre mère,
Et qu'à notre retour elle veut voir fleurir.
De ceux qui ne sont plus les âmes éveillées
Viendront, pour nous bénir, planer sur leur tombeau,
Et nous rappelleront, pour nos fils au berceau,
   Les vieux récits de nos vallées.

LE DOCTEUR JACQUEMOUD

LE ROI ET LE PEUPLE

(FRAGMENT DE L'ÉPOPÉE DU COMTE-VERT)

Frappé dès son berceau par une loi commune,
Partout, partout le peuple a son lot d'infortune,
Comme il l'a dès les temps parcourus jusqu'ici.
— Et Dieu seul sait pourquoi son sort est fait ainsi ! —
Oui, toujours la sueur à la tempe, et l'ulcère
Au flanc, il parcourra son cercle de misère.
A la glèbe éternelle attaché pour souffrir,
Il a sous le soleil une coupe à tarir,
Coupe amère et profonde, où sa lèvre fanée
Puise chaque matin le fiel de la journée.

Quand son front a versé, ployant sous le fardeau,
Dans le sillon du jour ses larges gouttes d'eau,
Quand, rentrant à son gîte, il trouve, — double hôtesse
Qui l'attend à la porte, — indigence et tristesse ;
Quand, le front dans les mains, il s'assied sous ces toits

Où l'âme se sent nue, où manquent à la fois
L'huile à la terne lampe, et la paille à la couche,
Au foyer l'étincelle, et le pain à la bouche,
Sait-on bien quel penser pleure au fond de ses yeux
Ou se creuse en sillons sur son front soucieux ?
Quand, pour surcroît de maux, l'âpre exacteur enlève
Le fruit dont sa sueur douloureuse est la sève,
Quand ces hommes de fer, ces hommes qui sont rois,
Sur ses reins amaigris pèsent de tout leur poids,
Et qu'il doit, en son sein refoulant son angoisse,
Dire un merci tremblant à la main qui le froisse ;
Oh ! qui peindra comment le soc de la douleur
Passe et repasse alors sur son malheureux cœur !

Vous, élus d'ici-bas, dont jamais assouvie
La lèvre absorbe à flot tout le miel de la vie,
Ah ! vous oubliez trop qu'à côté du festin
Il passe à jeun, courbé sous le faix du destin !
Vous, pour qui chaque aurore a de riants mirages,
Chaque midi des eaux, des brises, des ombrages,
Chaque soir des concerts, des banquets, des sommeils
Couronnés par l'amour et les songes vermeils...
Puissants, pour qui la terre est un tapis de roses,
Ne foulez pas celui dont la sueur l'arrose !
Car Dieu, qui fait germer vos jours comme des fleurs,
Sait des yeux qu'il afflige aussi compter les pleurs.

*
* *

Mais vous soyez loués, pères de la Savoie,
O rois compatissants que le ciel nous envoie !
Car nous vous devons tout. D'abord, vos boucliers
Aux fils de la montagne ont créé des foyers ;
L'ombre du trône fut leur première patrie :

Au vieil âge ils étaient fils de la barbarie.
C'est vous qui, recueillant tous ces humains débris
Au pilon féodal comme un limon pétris,
Avez d'un digne peuple, à cette masse obscure,
L'animant de votre âme, imprimé la figure.
Les factions plus tard nous ayant engloutis,
Vous nous avez tiré du cahos des partis ;
Et, dénouant les fers de nos mains enchaînées,
Vous nous avez refait de douces destinées.
Puis, quand les étrangers nous avaient envahis,
Vous nous avez sauvés, et les champs du pays
Se souviennent encor combien vous en donnâtes,
Du sang, pour racheter le seuil de nos pénates !
Sous votre ombre aujourd'hui, qui nous cache à l'entour
Les lueurs de l'orage et non les feux du jour,
En paix avec le Dieu qu'adoraient nos ancêtres,
Fidèles à nos mœurs comme à leur sol nos hêtres,
Loin des vents dont parfois d'autres cieux sont troublés,
Nous creusons nos sillons et moissonnons nos blés,
Bien sûrs qu'à nos destins, comme un regard lucide,
L'esprit d'amour du haut de ce trône préside.
Comme l'infortuné va prier aux autels,
Notre premier instinct, dans les fléaux mortels,
C'est d'aller droit à vous, visible Providence,
De nos calamités faire la confidence :
Et vous, tendant la main aux maux que nous souffrons,
Vous restaurez nos cœurs et relevez nos fronts.
Aussi, voyant en vous la bonté, sceau suprême
Des vrais Oints du Seigneur, l'Humanité vous aime.
Notre charte vivante à nous, celle où les droits
Du peuple sont écrits, c'est le cœur de nos rois ;
Et c'est dans ce fonds là qu'en tout temps nous puisâmes
Pour les besoins croissants de la vie et des âmes.
Vous donc, soyez loués, qui nous faites si doux,

Si serein l'horizon du sort; qui parmi nous
Passez, comme à travers les airs ces météores
Qui fécondent la plage où glissent leurs aurores!...

* *
*

Vieille ombre dont notre œil, frappé d'un saint respect,
A peine de si loin peut soutenir l'aspect!
Témoin monumental des luttes athlétiques,
Où le patron géant des natures antiques
En sa beauté sévère apparaît retracé,
Sors des poudreux linceuls d'un monde trépassé!
Ame du vieil honneur, figure grandiose
Dont six siècles bientôt ont fait l'apothéose,
Sur ce siècle amoindri, face, hélas! sans splendeur,
Pour un jour lève-toi de toute ta grandeur.

Toi, modèle accompli de ces nobles visages
Qui, pareils à des mâts, sur l'océan des âges
Surnagent si sereins et si hauts, que le temps
Ne peut couvrir leurs traits avec ses flots montants,
Viens nous dire, Ombre illustre, à nous, race appauvrie
Chez qui des beaux élans la source s'est tarie,
A nous, spectres d'un jour, fantômes qui passons
Sans laisser plus de trace au sol que les moussons
N'en laissent sur la mer chaque soir nivelée,
Où la ride s'efface, à peine cannelée;
A nous qui ne trouvons d'ardeur en notre pouls
Que pour d'humbles efforts d'une heure au plus, à nous,
Frêles âmes de chaume, à grand bruit enflammées,
Qui pour un seul éclair jetons mille fumées...

. . . .

Viens nous dire comment il se faisait qu'au sein
D'un monde où le méfait, le meurtre, le larcin,

Revenaient au plus fort comme un droit de naissance,
Où des tyrans du fief la brutale puissance
Aux plus saints droits humains étaient un attentat ;
Comment il se faisait, dis-je, qu'il palpitât
Au sein de l'esclavage une nature d'hommes,
Grand type disparu de la terre où nous sommes :
D'hommes qui consacraient tout leur être, âme et sang,
A relever d'en bas le peuple gémissant...
Hercules des beaux jours de la Foi, noble groupe
Dont l'âme forte avait dans sa taille la coupe
De l'armure géante et luisante au soleil
Dont leurs membres d'airain revêtaient l'appareil.

Toi dont le cœur restait serf de la foi jurée,
Dis combien le serment, de l'âme voix sacrée
Dont la langue aujourd'hui ne fait plus qu'un jouet,
Etait saint pour un preux : et comme il se vouait,
Si rigide que fût le labeur de ce rôle,
A tenir pur et net l'honneur de sa parole,
Semblable, en cet office, à la vierge qui prend
Pour garder sa pudeur, un soin persévérant,
Prête même, s'il faut, à subir le supplice
Avant que sur son front cette fleur ne pâlisse.
De quelle paix enfin son cœur était rempli
Quand il tombait au champ de gloire, enseveli
Dans son serment, intact jusqu'à l'extrême épreuve
Comme un défunt plié dans une toile neuve !
Dis nous ce que la croix, symbole généreux
A leur sein attaché, disait au cœur des preux,
Et ce que répondait, émue en sa racine,
Au signe rédempteur leur profonde poitrine !

Dis-nous, ô champion du Christ, dis-nous comment
L'évangelique foi pouvait, en animant

De ses feux éthérés leur robuste nature,
De leur âme, au péril, tant hausser la stature ;
Pourquoi ce sein des preux, où tant d'amour vibrait,
A vider tout leur sang à chaque heure était prêt
A la voix de l'honneur, leur seule idolâtrie ;
Et comment, aux instants chanceux où la Patrie
Contre ses ennemis invoquait leur secours,
Prodigues d'action, avares de discours,
Calmes, simples et forts, comme le vrai courage,
Sans marchander le prix allant droit à l'ouvrage,
La Patrie et le Roi dussent-ils être ingrats,
Ils s'annonçaient du cœur et parlaient haut du bras !

Dans le champ de la vie, où sans but notre âme erre,
Apprends-nous, chevalier, quelle noble chimère
De loin, comme une étoile, orientait leurs pas !
A toi qui de sentier jamais ne te trompas,
Tu nous diras pourquoi, le long de la carrière,
Leur course, qui par temps nous semble aventurière,
N'a cependant laissé, partout brillante à voir,
Jamais de trace ailleurs qu'au chemin du devoir !...

(1884)

AUGUSTE DE JUGE

FLEURS DES ALPES

(INÉDIT)

Vous me réclamez des nouvelles
A moi qui vit loin de Paris !
C'est demander des étincelles
Au choc de nos glaciers surpris :
Que savons-nous dans nos vallées,
Dans nos bourgades isolées
Où le roc pend sur le chemin ?
Le jour plus lentement commence,
Et la nuit, qui passe en silence,
Ne change rien au lendemain.

Je me trompe ; je vais vous dire
Les grands évènements d'un jour :
Le printemps va bientôt sourire
Une hirondelle est de retour ;
Ou bien c'est l'hiver qui s'approche,
Les corbeaux ont quitté leur roche

Pour noircir les flancs du coteau,
Et flairant l'odeur qui le flatte
Le loup, ce terrible autocrate,
A mangé le chien du château.

L'ours a paru sur la montagne
Aux yeux d'un passant étonné,
Le grand aigle a dans la campagne
Enlevé l'agneau nouveau-né.
Près du roc mousseux qu'il dessine,
Un étranger sur la colline
A jeté quelques mots d'amour
A la bergère, qui, coquette,
En fuyant a tourné la tête
A l'endroit du premier contour.

A minuit près de ces décombres
Où fût autrefois un couvent,
On voit sortir du sein des ombres
Le fantôme d'un moine blanc.
Sur le rosier de la chapelle
Vient de naître une fleur si belle
Qu'on la croirait éclose au ciel,
Et la madone qu'on implore
Quand l'aube du jour la colore
Semble descendre de l'autel.

Eh ! bien, sont-ce là des merveilles
A redire au sein des cités ?
Il faut pour distraire leurs veilles
Des récits plus accidentés ;
Il faut à vos esprits avides

Des duels et des suicides,
Du bruit, du scandale à tout prix,
Et jouant avec les couronnes
Il vous faut la chute des trônes...
Sauf à pleurer sur leurs débris.

Adieu ; ma main, lasse d'écrire,
A quelques roses à cueillir.
L'ombre descend, le jour expire,
La terre va se recueillir ;
Seul au milieu de ce silence
Tout bas le rossignol commence
Son chant, écho lointain des cieux ;
Ma couche doucement m'invite,
Et le sommeil qui me visite
Pose son aile sur mes yeux.

L'ENFANT ET LE MORS

(INÉDIT)

Vois l'enfant dans ses jeux : parfois il se façonne
  Un mors qu'il place sous sa dent,
Il y pend par un nœud une corde qu'il donne
  A son compagnon, qui la prend.
  Tout fier de sa métamorphose,
  Bien prêt au métier de cheval,
  L'oreille en l'air, la bouche close,
De son automédon il attend le signal.
Au premier coup, voilà qu'il bondit, il s'élance
  Il s'arrête, il piaffe, il hennit :
On le dirait, ma foi, dressé chez Franconi,
  Tant il montre d'obéissance.

Le peuple aussi comme l'enfant
Se fait parfois bête de somme,
Et de son maître qui l'assomme
Adore le fouet triomphant.

LA PLUME ET L'ÉPÉE

Emportée au loin par le vent
Qui souvent à Paris éclate,
Une plume en renom, celle d'un diplomate,
Vint en tourbillonnant
Se prendre sans façon au pommeau d'une épée,
Qui, surprise de l'équipée,
Lui dit en ricanant :
« Que viens-tu faire ici ? toi si frêle et si noire,
Et qu'un souffle met aux abois ?
Va rentrer au plus tôt dans ton humble écritoire.
Je te pardonne cette fois :
Mais désormais prends-garde à ma lame affilée. »

Debout, sur sa base taillée,
La plume lui répond : « Un peu moins de dédain.
Dieu n'a rien fait à la légère ;
Toute chose a sa part dans le grand œuvre humain ;
Et souvent le grain de poussière
Fait voler en éclats, la machine d'airain.
— « Eh quoi ! ne suis-je plus le glaive d'Alexandre ?
Dit l'épée en courroux, sortant de son fourreau.
Moi que Brennus jadis jeta dans le plateau,
A me louer ici faudrait-il donc descendre,

Comme si je n'étais qu'un chétif oripeau ?
Sache donc qu'à mon gré je découpe la terre,
Et quand la politique en émoi délibère,
Je tranche le nœud d'un seul coup !
Là je brise un palais, là, je relève un trône ;
Et le soldat heureux que ma pointe couronne
  Fais tomber les rois à genoux :
Voilà ce que je puis ! » — « Je le sais, je m'incline
  Devant l'éclat de tes hauts faits,
  Reprit la plume ; mais après,
  Vois cette ombre qui chemine,
  L'ombre sanglante des cyprès,
Que sèment sur tes pas la guerre et la famine,
La gloire à ce prix-là ne saurait me tenter :
  A la paix seule consacrée,
Je la guéris des coups qu'on te voit lui porter,
  Et de la terre déchirée
Je rejoins les lambeaux que tu viens me jeter,
Voilà quel est mon rôle, il se fait en silence ;
  Et l'encre que mon bec répand
  Vaut mieux que les torrents de sang
Qui toujours ont marqué ta fatale présence... »

  Qui jugera ce grand procès
Que chaque siècle lègue au siècle qui s'avance ?
Le jour est-il venu de porter la sentence ?
  On le dit : tout marche à la paix.
Mais j'entends du canon le bronze qui s'éveille ;
Comme un soldat, debout l'Europe en armes veille :
Tout ce bruit me fait peur, j'hésite, je me tais...

      (*1848*)

CLAUDIUS LOCHON

L'HIVER DES ÉCOLIERS

Tandis que les gazons se cachent sous la neige,
L'écolier va s'asseoir tristement au collège ;
Retenu tout le jour sous les plafonds jaunis,
Il regrette le temps des fraises et des nids.
Un vieux bonhomme sec et jaune comme cire
Le surveille. — Sa bouche a perdu le sourire.
Combien de fois a-t-il déjà maudit l'hiver !
Il rage sur son banc ; le grec est son enfer.
Que lui font des auteurs les longues périodes,
Et les inversions, et les temps, et les modes ?
Sans pitié pour les chants qu'ont modulé les dieux,
Il trouve Horace obscur et Virgile ennuyeux.
Il donnerait Corneille et toute l'Illiade.
S'il récite, écoutez. Ce malheureux captif
Nous dit les plus beaux vers d'un ton lent et plaintif.
S'il échappe un instant à l'œil distrait du maître,
Il n'est farce qu'il n'ose, et sans bouger, le traître
Des voisins studieux met le livre en morceaux,
Renverse l'encrier ou cache les chapeaux.

Gardez-vous de juger mal sa vive nature ;
Un silence forcé l'oppresse et te torture ;
Comme grêle sur lui les pensums vont pleuvoir.
Qu'importe ! — Il s'est vengé du rigide devoir.

Un murmure de voix se répand et s'envole ;
Les enfants, deux à deux, s'échappent de l'école ;
Ils s'en vont en chantant tout le long des sentiers.
Et prennent, comme on dit, des chemins d'écoliers.
Les uns, vers leurs filets, courent d'un pas rapide,
Et pour un oiseau mort sous la planche homicide,
S'élévent vers le ciel mille cris de bonheur.
D'autres groupes, saisis d'une plus noble ardeur,
Au loin vers les marais vont en foule pressée,
Et prennent leurs ébats sur la plaine glacée ;
Puis, au soir, les petits tenus aux bras des grands,
Ils reviennent joyeux embrasser leurs parents.

Le vent remplit la nuit de lugubres rafales
Et dans les corridors gémit par intervalles.
Alors auprès de l'âtre où pétille le bois,
On parle en soupirant des malheureux sans toits.
Puis le cercle se forme au foyer domestique ;
La mère coud, le père est à sa politique ;
Le cadet vient s'asseoir aux pieds du frère aîné ;
Et lorsque de chacun l'ouvrage est terminé,
La version traduite et la leçon apprise,
Sans plus s'inquiéter du vent ni de la bise,
On s'en vient à la table, autour du père assis,
Egayer le repas de folâtres récits.
Après dîner l'enfant s'enfuit à la cuisine
Où, près du feu, se trouve une pauvre voisine,
Une vieille servante à l'œil encore malin.

Elle a vu dans son temps, dit-elle, un jacobin !
Ce nom-là, pour l'enfant, avec fracas résonne ;
Il fait parler la vieille, il l'écoute et frissonne
Au récit merveilleux des choses d'autrefois ;
La vieille a bien souvent des larmes dans la voix.
Elle a toujours à dire une fable émouvante :
Messire Barbe-Bleue et sa clef-d'or sanglante,
Les brigands des forêts par le bon Dieu punis.
A l'heure du sommeil les contes sont finis.
L'enfant gagne sa couche avec soin réchauffée,
Et s'endort en rêvant à quelque bonne fée.

L'ABBÉ JOSEPH LOMBARD

LE MONT BUET

A un jeune alpiniste.

I

Avec leurs grands sommets, leurs neiges éternelles
Par un soleil d'été, que les Alpes sont belles ! »
— Ah ! viens donc admirer, poëte harmonieux,
Viens décrire la scène étalée à nos yeux !
Les voilà devant nous les cîmes souveraines,
Les glaciers éternels et les Alpes sereines
S'empourprant aux rayons du soleil matinal :
Voilà le grand sommet, le mont Blanc sans rival !
Le monarque est assis fièrement sur son trône,
Pendant qu'à ses côtés les grands de la couronne
Sont rangés, tous debout, du levant au midi.
Le maître, les vassaux, comme tout a grandi !
Sous des aspects divers de forme et de structure,
Quel relief inouï, quelle étrange stature.

Dans ce monde nouveau, qui jaillit vers les cieux
En aiguilles de marbre, en dômes lumineux !
Il fallait au mont Blanc cette cour triomphale :
Lui, dressant dans les airs sa forme sculpturale,
Il nous regarde en face... Avec notre Buet
Il échange peut-être un dialogue muet ;
De vastes champs de neige arrondis en coupoles
Moulent son front superbe et ses larges épaules,
L'enferment tout entier dans leurs plis de cristal
Et retombent flottants jusqu'à son piédestal.
— Certes, c'est bien pour nous qu'est fait le paysage.
Comme de tous côtés le tableau se dégage !
Pour en marquer le pied, la croupe du Brévent
Par dessus Chamonix s'étale en paravent,
Et l'immense massif de granit et de glace
Apparaît, sans appui, suspendu dans l'espace ;
Du côté du levant, quelques sommets épars,
Placés en éclaireurs par delà ses remparts,
Lui tracent vers l'aurore une longue avenue ;
Au couchant l'horizon, comme une plage nue,
S'abaisse ; tout s'efface, et le front du géant
Rayonne solitaire au ciel de l'occident !
Oui, le spectacle est beau, la scène est imposante :
Et l'admiration serait de l'épouvante
Si, de ce grand ouvrage achevant la splendeur,
La grâce n'en venait tempérer la grandeur.
Mais partout quelle paix ! Partout quelle harmonie !
C'est un monde vivant, dont la puissante vie
A le charme du jour nouvellement éclos
Et le tranquille aspect de la force en repos ;
Et rien n'est doux à voir, dans leur pure atmosphère,
Comme ces fiers sommets inondés de lumière,
Plus pâles au matin, ou le soir tous dorés,
Baignant dans le ciel bleu leurs fronts transfigurés !

II

Et vous, mon jeune ami, qui rêviez cette fête,
Votre âme d'alpiniste est-elle satisfaite ?
Avez-vous cette fois, selon votre désir ?
Avez-vous contemplé le colosse à loisir
Et toute cette foule aux épaules de neige
Qui partage sa gloire et forme son cortège ?
Et les glaciers ? Plus beaux que la pourpre des rois,
Sur le flanc des massifs ils tendent leurs pavois,
S'élancent jusqu'au front des aiguilles géantes,
Ou dorment à leurs pieds, en nappes indolentes ;
Mais l'avalanche passe, entraînant les névés,
Dans des cirques profonds aux rebords élevés
Et le fleuve grossi, quand la coupe est trop pleine,
En cascades d'argent ruisselle vers la plaine.
— Pour moi, dans cet éclat semé de toutes parts,
Un glacier entre tous captive mes regards.
Vous voyez au milieu de l'escorte royale
La grande Aiguille-Verte, une belle vassale,
Au port de reine, eh bien ! à son flanc nourricier
Il est là suspendu, mon superbe glacier ;
Haute et profonde nef terminée en abside ;
C'est d'ici qu'il faut voir cette enceinte splendide,
Où les Alpes, changeant l'aspect de leur beauté,
Ont uni plus de grâce et moins d'immensité ;
Le somptueux tapis de sa blanche tenture
Retombe à sa façade en longs flots de guipure,
Et ses parois, à pans unis, au front plongeant,
Dressent tout à l'entour leurs murailles d'argent.
Tout est paisible ici, comme en un sanctuaire ;
Les cieux versent d'en haut le jour pur qui l'éclaire,
Et cette mer de glace aux reflets de satin
Garde encore la fraîcheur de son premier matin.

III

Salut au Conquérant de nos Alpes sublimes !
Cet homme s'était dit qu'à travers les abîmes
Il monterait là haut poser son pied vainqueur :
Longue fut l'entreprise, et rude la bataille ;
Le géant se cabrait ; sans regarder sa taille,
L'homme alla jusqu'au bout, n'écoutant que son cœur !

Ils ont, ces obstinés qui découvrent des mondes,
Un sens plus pénétrant, des clartés plus profondes ;
Leur âme est un foyer de lumière et de feu
Sans goût pour les plaisirs que le vulgaire envie,
Ils sont tout à leur œuvre, estimant que la vie
Est un jour de labeur que l'homme doit à Dieu !

Hélas ! C'est au Buet, près de ce belvédère
Que la mort attendait ce Balmat légendaire !
Et nous voyons ici, nous qui suivons ses pas,
Dans une même scène à la même lumière
    Les deux sommets de sa carrière :
Le mont Blanc, le Buet — sa gloire et son trépas !

POINTE PERCÉE

A un jeune alpiniste.

I

La cime est sous nos pieds, le spectacle commence.
C'est un panorama, c'est une scène immense !
Les croupes, les plateaux de pierre ou de gazon
Fuyant, comme une mer houleuse, à l'horizon

Entre les pics neigeux et les sombres vallées ;
Puis, les massifs lointains, les chaînes reculées
Etalant en retrait leurs contours gracieux
Et dessinant un arc où se posent les cieux !
Mais tout pâlit auprès de la chaîne géante
Déroulant ses glaciers en nappe étincelante.
Des jalons lumineux en marquent les confins :
Là l'Oberland, ici la Meije et les Ecrins.
Et les bras déployés pour combler l'intervalle,
Elevant dans les airs sa tête sans rivale,
Le mont Blanc, à la fois sublime et familier,
Sans voile devant vous apparaît tout entier !

Vous avez exploré la grande mer de glace ;
Vous avez, du Buet, contemplé face à face
Le buste sculptural du superbe géant
Et ses premiers vassaux, eux debout, lui séant ;
Comme un parvis royal, frais et plein de mystère,
Vous avez admiré le glacier d'Argentière ;
C'était grand, c'était beau ; mais enfin tout cela,
Ce n'était qu'un fragment : les Alpes, les voilà !
C'est ici que la chaîne entière se déploie,
Glaciers de Chamonix et glaciers de Montjoie,
Aiguilles et massifs dont la ligne pliant
Forme l'aile du nord ou l'aile du couchant,
Tout l'ensemble apparaît dans son architecture,
Le mont Blanc, clef de voûte, en soutient l'ossature,
Car il en est le centre aussi bien que le roi.
Lui-même, du milieu de l'immense convoi,
Pour s'approcher de nous déborde sur la scène,
Ses glaciers à longs flots s'épanchent dans la plaine,
Et de son beau massif les flancs épanouis
S'ouvrent en éventail à nos yeux éblouis !

Ah ! pour le voir si proche, il n'est pas moins sublime
Quand, d'ici, le regard, abaissé vers l'abîme,
De l'Arve et du Bon-Nant où se baignent ses pieds,
Remontant tour à tour, comme des marchepieds,
Les pentes du Prâriond, les Aiguilles, les Dômes,
S'arrête enfin sur lui, — le plus hardi des hommes
Jurerait volontiers que jamais pied humain
N'a foulé ce sommet qu'on touche de la main !

II

Reportons nos regards de ces Alpes si belles
Sur l'aspect du couchant qui s'ouvre devant elles.
C'est un vaste horizon : la Dôle est devant vous,
Au levant la Jungfrau, au midi le Pelvoux !
Ici plus de glaciers ni de cîmes géantes ;
Mais des chaînes sans nombre, aux croupes verdoyantes,
Courent autour de nous, dressant de toutes parts,
Comme des combattants debout sur les remparts,
Leurs pics tumultueux et leurs cîmes rivales.
Entre elles cependant gardant les intervalles,
Une enceinte sur l'autre, et chacune à son tour
En festons onduleux vient tracer son contour.
Plus loin et par delà tout cet amphithéâtre
Dans les airs va flottant un nuage bleuâtre :
C'est le reflet du lac, du Léman aux flots bleus,
C'est le Rhône qui passe et marque dans les cieux
Le sillage azuré de son parcours immense.
Saluons, sans le voir, le grand fleuve de France,
Le roi de cet empire aux Alpes appuyé,
Dont notre belvédère occupe le foyer.
Vient enfin le Jura, notre grande frontière ;
Sa croupe aux feux du soir s'enflamme tout entière,
Et, fermant l'horizon, se présente au mont Blanc,
Comme une écharpe d'or, pour lui ceindre le flanc !

Parmi tout cet éclat, sur la cime isolée,
Comme on est seul ! Nul bruit ne vient de la vallée.
Quelques hameaux épars, un village, un clocher,
Des chalets accroupis sous le toit du rocher,
S'offrent seuls à nos yeux. Mais de la vie humaine
Ils apportent du moins une image lointaine,
Et le cœur s'en émeut, comme au doux souvenir
D'un absent bien-aimé qui tarde à revenir !

III

Ce beau panorama, ce fut l'Allobrogie,
Une terre vaillante et bien souvent rougie
Du sang de ses guerriers et du sang des Romains.
Quel conquérant fameux n'a foulé ses chemins ?
Aujourd'hui plus paisible et toujours aussi fière,
C'est toi, noble Savoie, et de ce belvédère
Heureux de t'admirer et d'être tes enfants,
Mère ! nous t'adressons nos vivats triomphants !

Elles sont toutes là nos cimes savoisiennes,
Toutes !... mais l'on s'attache à regarder les siennes,
Comme à voir son foyer et le toit des aïeux !
Voilà notre Tournette au front majestueux,
Le superbe Charvin, effilé comme un glaive,
L'aride Parmelan, le gracieux Salève,
Le Môle toujours vert, comme un autre Semnoz.

J'aime à dire vos noms, ô cimes familières !
Vous que mes joyeux pas gravirent les premières,

Vous dont le seul aspect faisait battre mon cœur ;
Comme un premier amour, votre charme vainqueur
Sur mon âme aujourd'hui garde encore son empire,
Et, parmi les glaciers, ces Alpes que j'admire,
Familier maintenant avec les grands sommets
Je vous aime toujours comme je vous aimais !

FRÈRE LOUIS

DE L'INSTITUT DES ÉCOLES CHRÉTIENNES

LE GÉNIE MODERNE

> Es-tu content, Voltaire, et ton hideux sourire
> Voltige-t-il encore sur tes os décharnés ?
> Ton siècle était, dit-on, trop jeune pour te lire :
> Le nôtre doit te plaire, et tes hommes sont nés.
> Alfred de Musset.

C'est à moi qu'est la force, à moi qu'est la victoire,
A d'illustres desseins je conduis les mortels ;
Absurde est le passé ! Périsse sa mémoire !
Nations, suivez-moi, je vous mène à la gloire...
Je vous mène au bonheur... dressez-moi des autels.

Fils de Quatre-vingt-neuf, j'eus pour aïeul Voltaire.
D'un immortel honneur mon front est couronné ;
L'univers désormais datera de mon ère ;
L'avenir m'appartient, grand, sublime, prospère,
Et ce qui n'est pas moi, la mort l'a condamné.

J'apparus, et soudain surgit un nouveau monde :
Partout régnait la nuit, voyez !... je suis le jour ;
Je suis la liberté, la sagesse profonde ;
Sur un chaos d'erreurs, dans ma force je fonde
Le royaume du vrai, l'empire de l'amour.

J'ai mes historiens, mes savants, mes prophètes,
Mes orateurs discrets, mes critiques puissants
Qui portent, en leurs mains, des palmes toujours prêtes,
Qui donnent le génie et sacrent les poètes
Dont la lyre à ma voix sait plier ses accents.

Et la science, et l'art, et la grande industrie
Déjà sont dans mon temple en adoration.
Comme un ferment divin dans la foule flétrie,
O sainte opinion, c'est moi qui t'ai pétrie,
C'est moi qui te nommai la résurrection.

Dieu, ce n'est plus qu'un mythe et l'âme, une chimère ;
La vertu n'est qu'un leurre, et l'homme ne croit plus
Qu'à sa seule raison, brillant de ma lumière,
Sa raison saine et forte, indépendante et fière...
Religion du Christ, tes jours sont révolus.

Laissons cette momie... elle dort un grand somme ;
Assez elle abusa nos crédules aïeux !
Qu'elle repose en paix ! Vous le savez ! En somme
J'ai fait Dieu si petit qu'il n'est pas même un homme,
Et les hommes, si grands qu'ils deviennent des dieux.

Vous qui voulez penser, soyez de mon école ;
Laissez les embaumeurs à leurs pieux travaux :
Les vieux Credo sont morts, croyez à ma parole ;
N'espérez plus qu'en moi : j'ai mon jeune symbole,
Le symbole des droits, la foi des temps nouveaux.

Les droits ! voilà le mot que j'appris à la terre ;
Voilà mon évangile et mon baptême d'eau :
Jadis l'homme, souillé d'un crime héréditaire,
Naissait, pleurait, mourait, dévoré de misère
Et d'odieux devoirs portant le vil fardeau.

Ces erreurs ne sont plus : l'homme naît vierge et libre ;
Il n'a pas d'autre loi que son propre désir,
Et dans son être entier il n'est pas une fibre
Qui ne trouve sa place en mon vaste équilibre,
Qui ne puisse y vibrer des accords du plaisir.

Plus de vaine contrainte et plus de sacrifice :
Comme l'eau suit sa pente, ainsi l'homme nouveau
Doit promener son cœur de délice en délice,
Laisser enfler sa voile au vent de son caprice
Où l'incline sa chair diriger son cerveau.

Oui, supprimer l'effort, abolir la souffrance,
Voilà mon noble but, voilà mon rêve d'or !
Compte sur mon vouloir, compte sur ma puissance,
Peuple ! Pour accomplir ta sainte délivrance,
J'ai fait beaucoup déjà, je ferai plus encor.

La nature par moi cesse d'être sévère ;
Elle n'impose plus un labeur douloureux.
De sa fécondité j'ai scruté le mystère :
Peuple ! tu n'auras plus qu'à présenter ton verre
Et qu'à boire à longs traits son nectar généreux.

Pour remplacer ton bras, j'ai créé la machine,
La machine savante à l'essor triomphant.
Et sous ta volonté cette esclave s'incline !
Peuple, repose-toi : ton regard la domine,
Plus souple sous ta main que le doigt d'un enfant.

Je suis le grand Progrès, l'humanité qui marche
Au paradis des sens, à la vie, au repos ;
Des siècles à venir je suis le patriarche :
Qui veut être sauvé, qu'il entre dans mon arche,
Et des vieux préjugés qu'il domine les flots.

Oui, je suis le Progrès ! A la foudre livide
Je décris une route et promulgue des lois ;
Elle semait l'horreur, elle était homicide...
Je parle ! elle devient ma courrière intrépide,
Et l'homme ne craint plus sa formidable voix.

J'ai dit à la vapeur, cette force cachée :
« Je le veux, montre-toi, tu seras reine un jour !
« Elevant dans les airs ta tête empanachée,
« Tu raviras la foule à tes pas attachée,
« Tu n'entendras plus chanter que des hymnes d'amour.

« L'océan devant toi calmera sa colère ;
« Sous tes pieds enflammés ses flots se courberont ;
« En te voyant venir, audacieuse, altière,
« D'un réseau de métal se couvrira la terre,
« Le rocher se fendra, les monts s'aplaniront. »

J'avais dit. Maintenant comme l'oiseau qui vole,
La voilà qui bondit sur le rail radieux,
La voilà s'élançant de l'un à l'autre pôle,
Portant aux nations le modeste symbole :
« Rendons gloire à la terre et rions-nous des cieux ! »

Les cieux ! je les connais, et je sais qu'ils sont vides :
Le firmament d'azur n'est qu'une illusion ;
Les nuages dorés sont des vapeurs splendides,
Et le soleil, ce dieu de nos pères candides,
J'en mesure la masse et fixe le rayon.

Je sais pourquoi la lune a la face changeante ;
Mon regard a sondé la sombre immensité ;
Je prédis le retour de la comète errante ;
La planète au long cours, l'étoile scintillante,
J'ai tout conçu, tout vu, tout pesé, tout compté.

Je comprends de la mer et le trouble et l'extase ;
J'explique l'ouragan au tourbillon blafard ;
Du volcan je connais d'où vient l'ardente vase,
Pourquoi le globe ému chancelle sur sa base,
Et de quels éléments l'a formé le hasard.

Je sais comment les monts jaillirent dans l'espace ;
J'ai calculé leur âge et marqué leur destin ;
Dans l'abîme des airs l'aigle a perdu ma trace ;
Je m'élève si haut que la terre s'efface,
Et ne me paraît plus qu'un nuage lointain.

O peuple ! et maintenant que ma voix le proclame !
J'ai découvert partout un aveugle ressort.
Le réel a parlé ; l'absurde en vain réclame.
En fouillant le cerveau je n'ai pas trouvé d'âme :
Admire-toi pourtant, toi seul es grand et fort !

Ne garde plus de culte à tous ces vains prestiges
Dont un monde trop jeune amusa son ennui ;
N'adore plus que toi, contemple tes prodiges,
Car d'un Dieu nulle part je n'ai vu de vestiges :
Son nom par la science est proscrit aujourd'hui.

Qu'Aristote et Platon, que tout l'ancien Portique
Savourent dans la mort cette immortalité
Qu'autrefois on lisait dans leur métaphysique...
Mon dédain transcendant, ma profonde critique,
De ces rêves d'enfant montrent l'inanité.

Systèmes faux et creux, hypothèses bizarres
Qui supposez toujours ce qui ne fut jamais,
Qui peuplez l'univers de dieux et de Tartares,
D'anges, de paradis, d'enfers, d'esprits barbares,
Vous êtes disparus et la terre est en paix.

L'humanité par moi sachant que la matière,
Dont elle a trop longtemps méconnu la grandeur,
Contient en soi la force et la vertu première,
La pensée et l'amour, l'essence tout entière,
Tourne ses vœux vers elle et l'élève en honneur.

Tranquille sous mon œil, elle poursuit sa voie,
Saluant l'absolu d'un éternel adieu,
Découvrant chaque jour une nouvelle joie,
De progrès en progrès, allant où je l'envoie,
Sans souci de mal faire et sans craindre aucun dieu.

Peuples, rapprochez-vous et partagez en frères
Le froment, le bon vin, la douce liberté ;
Plus de foi ni de frein, mais des droits tutélaires ;
Au lieu des vains devoirs, des lois égalitaires ;
Le mal, c'est la douleur ; le bien, la volupté !

J'abolis sans retour et la guerre et la haine ;
Ecoutez mes journaux, mes livres, mes docteurs
Vous prêchant l'union contre l'erreur humaine,
Marquant à l'avenir une route certaine,
Au banquet nuptial conviant tous les cœurs.

Accourez, pressez-vous dans ma grande harmonie...
Voyez ! rien n'est debout que mon noble étendard :
Ce siècle, sa raison, sa gloire et son génie,
C'est moi ! Peuples, craignez ma sanglante ironie...
C'est moi qui dis aux rois : « Allez ! il est trop tard. »

Les rois, c'est moi qui les couronne ;
C'est moi qui renverse leur trône
S'ils ne règnent pas en mon nom :
Partout leur cause est délaissée,
La puissance est à ma pensée,
Elle n'est plus à leur canon.

Je tiens le sceptre et tout gravite,
Tout vit, tout se meut dans l'orbite
Que traça ma vaillante main ;
Et sur un signe de ma tête,
Chaque jour s'avance ou s'arrête
Le flot houleux du genre humain.

Instrument de ma loi nouvelle,
La langue diaphane et belle
Que créa le peuple des Francs,
Va comme une indomptable foudre
Battre en brèche et réduire en poudre
Les citadelles des vieux temps.

Ce que Strauss découvre en silence,
Ce que Locke conçoit et pense,
Je l'enchasse dans le cristal,
Et de ces cerveaux magnanimes
J'offre les visions sublimes
A l'univers pour idéal.

Et le peuple ivre d'espérance :
« Voilà, — dit-il, — la délivrance !
« Du vil respect, brisons l'autel,
« Que la pudeur demande grâce,
« Que toute morale s'efface.
« Le crime n'est plus criminel. »

L'instinct triomphe, et la nature,
Cette vierge immortelle et pure,
Du luxe empruntant les appas,
Voit partout tomber ses entraves.
Les cœurs ne seront plus esclaves
Et la peur n'existera pas.

Qu'ai-je dis, la peur ? et la honte,
Cette légente qui remonte
Au berceau des dieux et des rois ?
La conscience, autre furie,
Chef-d'œuvre de la tyrannie ?
J'achève d'étouffer leurs voix.

L'humanité sera princesse,
Reine, souveraine déesse,
Tout le vrai, le bien et le beau ;
Rien n'égalera sa justice :
Vertu, tu verras le vice
S'élever jusqu'à ton niveau !

Plus de bonté ni d'égoïsme,
De lâcheté ni d'héroïsme ;
Rien que la grande humanité.
Plus de force ni de faiblesse ;
De sottise ni de sagesse ;
Partout la sainte égalité.

Etat et patrie et famille,
Et père et mère et fils et fille,
Titres usés qui consacrez
Des abus, des devoirs, des pièges,
L'esclavage et le privilège,
Je l'ai dit : Vous disparaîtrez !

Allons! que tout pouvoir succombe,
Et que l'on jette dans la tombe
Ce qui reste encor des aïeux!
Lorsque j'aurai fait table rase,
Le monde sera dans l'extase
Du bonheur qu'il croyait aux cieux.

EPILOGUE

> Quel est ce siècle, quel est ce peuple
> et qui donc a entassé ces débris?
> ALFRED NETTEMENT.

Nous t'avons écoutée, ô moderne sirène!
Et nous voilà séduits, nous voilà fascinés!
De l'écueil à l'écueil le courant nous entraine;
Le gouffre est là béant... mais ta voix nous enchaine.
Au suprême malheur, sommes-nous condamnés?

Ivres de fol orgueil et de désirs étranges,
Détournant nos regards des célestes clartés,
Nous prodiguons au mal nos infâmes louanges;
Au bien, l'insulte; à Dieu le blasphème, et ses anges
Se sont voilé la face et nous ont tous quittés.

Et tu chantes toujours notre destin sublime,
Sirène! et nous, frappés de vertige et d'erreur,
Et nous, les vils jouets de la ruse et du crime,
Tour à tour nous marchons du guêpier à l'abîme,
De l'horreur au danger, du danger à l'horreur!

Et notre route en vain se couvre de décombres ;
En vain l'affreux pétrole, en vain les flots de sang,
Les sinistres lueurs n'ont pu percer nos ombres,
Et tous nos horizons sont de plus en plus sombres,
Et toujours l'avenir paraît plus menaçant.

O Sirène ! tu peux proclamer ta victoire.
Ce siècle est renégat, incrédule, imposteur.
Il est à ton image, il outrage l'histoire ;
Le mensonge est sa loi, décerne-lui la gloire :
Sirène ! n'es-tu plus le vieux serpent menteur ?

LA GENÈSE SCIENTIFIQUE

> .... Malgré moi l'infini me tourmente
> Je n'y saurais songer sans trouble et sans espoir
> Et, quoi qu'on en ait dit, ma raison s'épouvante
> De ne pas le comprendre et pourtant de le voir.
> ALFRED DE MUSSET.

I

Poursuivons la chimère en son suprême asile,
Et brisons sans retour son colosse d'argile ;
Que son éclat trompeur cesse enfin d'éblouir.
Remontons fièrement le cours sans fin des choses ;
Et pénétrons les lois de leurs métamorphoses :
Le merveilleux partout devra s'évanouir.

Constatons du hasard l'éternelle présence
Et d'un Dieu conscient l'universelle absence.
Non, non, l'ombre de Dieu n'apparaît nulle part :
Sur terre et dans les cieux, dans les temps, dans l'espace,
Dans la vie et la mort, on cherche en vain sa trace :
C'est l'atome toujours qui brave le regard.

L'atome explique tout ; c'est la réelle essence
Qui toujours en progrès devient toute existence :
Aux modernes mortels enfin l'atome a lui.
Pourquoi de l'absolu les effets et les causes ?
L'atome est le principe et le terme des choses ;
Tout provient de l'atome et se résout en lui.

L'atome est pénétré de puissances intimes
Qui le poussent sans fin vers des hauteurs sublimes :
Il ressent le besoin de marche et de progrès.
Il aspira d'abord au rang de molécule,
Après bien des essais créa l'animalcule
Et jusqu'à l'éléphant il monta par degrés.

N'avons-nous pas montré qu'une goutte de pluie,
Aux rayons du soleil s'élevant à la vie,
De l'insecte revêt l'auguste dignité ?
A l'insecte bientôt succède un mammifère,
Le singe s'élabore au sein de la matière,
Et les siècles aidant, devient l'humanité.

Ainsi nous l'admettons, — ô lumineuse idée !
La matière est féconde et n'est pas fécondée,
Et son sein maternel est seul générateur.
Saluons de nos vœux le moderne empirisme !
Ce système savant, c'est le végétalisme :
Désormais de la vie on connaîtra l'auteur.

La chaleur apparaît ! la fange se dilate,
Se boursoufle, et soudain l'embryon naît, éclate,...
Voilà l'intelligence et la moralité.
La vertu, l'espérance et l'amour et le vice,
Le désir de l'honneur, la soif du sacrifice...
O fange boursouflée ! ô grande humanité !

II

Le miracle est chassé de l'embryogénie,
Dejà nous éditons notre cosmogonie
Et nous le voyons fuir de la création.
La Genèse du ciel et celle de la terre
Témoignent que la Bible est un mensonge austère,
Et qu'il faut de Moïse une autre édition.

Que si nous remontons toujours de phase en phase,
Nous retrouvons l'atome inerte en son extase
Rêvant, inconscient, l'éternel devenir ;
On voit ici régner la mécanique pure
Et d'un sommeil profond dort encor la nature
Couvrant ce qui peut naître et ne saurait mourir.

C'est ainsi qu'en plongeant dans l'océan des âges,
Et de l'erreur vulgaire écartant les nuages,
On se sent face à face avec la vérité.
Le hasard est donc là, couvrant d'une aile immense,
Dans chaque atome un germe, une vivante essence,
D'où jaillira sans fin toute réalité.

Mais tu devrais finir, ô mécanique pure !
Ainsi que l'exigeaient les lois de la nature,
Ainsi que l'ordonnait l'éternel devenir.
O prodige ! saisi d'une angoisse subite
Un atome éperdu va, vient, se précipite...
Atome, qu'as-tu donc ? Te faudra-t-il périr ?

Mais l'atome éperdu rencontre un autre atome ;
L'immensité tressaille et sort de son vieux somme ;
Le charme était rompu dans l'espace étonné !
Oh ! quels embrassements, quel étrange délire
Alors de la chimie ont acclamé l'empire,
Salué, proclamé l'univers nouveau-né.

Voyez ces tourbillons, ces terribles rafales !
Voyez aux quatre vents ces danses infernales,
D'atomes bondissants, fiévreux, vertigineux !
C'est le quatre-vingt-neuf du régime atomique ;
Tout devient molécule et le pouvoir chimique,
Gigantesque ouragan, plane victorieux.

Des atomes soudain cessent les saturnales.
Regardons-les groupés en masses colossales,
Projetant à la fois cent soleils radieux ;
Contemplons à leur tour les atomes solaires
Semant par milliers les globes planétaires
Et les astres errants, ces exilés des cieux.

Peuple, si tu comprends nos savantes paroles,
Que reste-t-il encor de tous tes vieux symboles ?
Que sont-ils devenus devant notre raison ?
Dans l'abîme des temps est-il quelques mystères
Que n'ont point dissipés nos modernes lumières ?
Plus loin que notre vue est-il un horizon !

III

Mais voyons maintenant les terrestres atomes
Lentement préparer la demeure des hommes :
Air, eau, pierre, vapeur, végétal, animal,
Montagnes, océans, plaines, vallons, collines,
Tout créer par des lois que l'on croira divines
Et qui sont les ressorts d'un devenir fatal.

Ainsi le mouvement, la chaleur, la lumière,
La vie et la beauté dans la nature entière;
Ordre, harmonie, éclat, sagesse, majesté,
Azur, vent, bruit des flots, chants de l'aube vermeille,
Ce qui ravit les yeux, ce qui charme l'oreille,
L'atome a tout produit dans son éternité !

L'atome a découvert les couleurs de la rose
Et de ces mille fleurs où le regard se pose,
Plein de ravissement, rêvant un paradis ;
Le rossignol chanteur, le perroquet frivole,
Le papillon ailé, cette fleur qui s'envole,
Le parfum de l'œillet et la robe du lis.

Il fit sortir du sol l'abeille qui butine
Et la brebis qui bêle et le bœuf qui rumine,
Le chêne, le gazon, le ciron, l'éléphant,
Le zèbre qui bondit, la baleine qui nage,
L'ananas embaumé, le cygne au blanc plumage,
Le paon qui fait la roue, et l'aigle triomphant.

Que n'a-t-il point prévu, ce merveilleux atome !
Le froment généreux, ce pain qui nourrit l'homme,
Le vin qui le rend fier, intrépide, vaillant ;
Le lait, le dévoûment, l'amour au sein des mères,
Le courage viril, la force au cœur des pères,
Qui fondent la famille et qui gardent l'enfant.

Que n'a-t-il point trouvé ? Ce qu'il faut à la mousse,
Et d'ombre et de chaleur pour que son germe pousse,
Ce qu'il faut au sapin qui croit sur les hauteurs,
Et ce dont a besoin le petit oiseau-mouche,
Ce rubis voltigeant, pour que sa langue touche,
Sans les flétrir jamais, les nectaires des fleurs ;

Ce qu'il faut au regard pour contempler l'aurore,
Ce qu'il faut au gosier pour le rendre sonore ;
Pour respirer l'encens ce que veut l'odorat ;
Ce qu'exige le doigt pour sentir ce qu'il touche,
Pour broyer, pour goûter, ce qu'il faut à la bouche ;
Organisme savant, varié, délicat.

Que n'a-t-il point formé ? l'œil aux fines membranes,
Son iris coloré, ses milieux diaphanes,
Son picmentum obscur, son nerf épanoui,
Ses muscles, ses humeurs, sa légère pupille,
Son cristallin, ses cils, sa paupière mobile,
Ce globe, étincelant, radieux, inoui !

L'oreille, autre prodige, avec sa triple enceinte,
Son pavillon subtil, son profond labyrinthe,
Mystérieux séjour dans le rocher taillé :
Son agile tympan dont les fibres résonnent,
Et son souple étrier, son marteau qui frissonnent
Et transportent le son au nerf émerveillé.

IV

O chimiste profond, ô le plus grand des hommes,
Toi qui comprends si bien ce que sont les atomes,
Toi qui les départis en diverses tribus,
Qui les sens sous tes doigts devenir molécules,
Qui les vois du progrès moteurs et véhicules,
Chante-nous leur puissance et dis-nous leurs vertus ?

Raconte-nous comment ces chercheurs magnanimes,
Guidés par le hasard dans leurs essais sublimes,
Sont un jour parvenus à créer l'être humain ;
Bien qu'en face de nous il paraisse un peu gauche,
Le gorille sans doute est leur dernière ébauche :
On fut gorille hier, on est homme demain.

Raconte-nous comment les atomes gorilles
Ont senti le besoin de former des familles,
De cesser de grimper, d'arrondir leur museau ;
Comment ces citoyens de l'ordre des primates
Ont pu tirer des mains et des pieds... de leurs pattes,
Et de leurs poils velus dépouiller le réseau.

Comment, par quel secret, sous quel magique empire
Leur grimace devint un gracieux sourire,
Leur cri rauque et confus des sons articulés,
Et comment les guenons de notre histoire antique
Ont rencontré les traits de la beauté plastique
Que Vénus de Milo nous garde modelés.

Comment, par quelle loi, quelle vertu subtile,
Les langues de David, d'Homère et de Virgile,
Des atomes humains merveilleux instruments,
Ainsi que tout langage entendu sur la terre,
Dérivent — c'est très sûr — sans ombre ni mystère...
Ne l'avons-nous pas dit ?... de lointains grognements.

Comment, par quel pouvoir, quelle loi virtuelle,
Immanente, chimique, atomique, éternelle,
Ce cri rauque et confus, ces grognements lointains
De cervelle en cervelle et d'hégire en hégire,
De ressort en ressort, de délire en délire
Deviennent de l'erreur les monuments certains.

Comment ces grognements de notre premier père,
Revus et travestis sont devenus prière,
Science, honneur, raison, conscience en tout lieu ;
Et comment ils ont pu faire croire à chaque homme
Qu'il est plus qu'une brute ou qu'un singe... qu'en somme
Il était immortel et qu'il existe un Dieu.

V

Chimiste, montre-nous que l'esprit est un songe ;
Le vice, la vertu, la morale, un mensonge ;
Que le surnaturel n'est qu'une illusion ;
Que le bœuf à pas lourds allant à la fontaine,
Et Colomb pressentant une plage lointaine,
Suivent du même instinct l'infaillible rayon ;

Que l'homme est insensé, si son regard mesure
Des horizons plus hauts que ceux de la nature,
Si de l'ombre imparfaite il conclut au parfait ;
S'il ne se soumet point au moderne axiome :
Les miracles sont vrais s'ils viennent de l'atome,
Les miracles sont faux si c'est Dieu qui les fait ;

Que tout être est pour soi la seule providence :
Dans le sein de la mort il n'est pas d'espérance,
Au-delà de la fosse il n'est pas d'avenir ;
Que le mortel sensé doit savoir se résoudre
A périr sans retour dans la fange et la poudre,
A se voir tout entier et dissoudre et pourrir ;

Que le prêtre est absurde et conte des chimères,
Qu'il ne doit plus bénir la cendre de nos mères :
L'homme est un animal qu'il nous faut enfouir.
De la religion dévoilons l'artifice ;
Que parle-t-elle encor du ciel, de sacrifice ?
Le réel se dévoile et l'erreur va finir ;

Qu'il faut vivre sans foi pour mourir sans alarmes ;
Heureux l'homme qui dit : Le néant a des charmes !
Je sais que dans son sein je dois m'évanouir ;
Des jeux de mon cerveau l'âme est la résultante,
J'attise de mes sens la flamme dévorante,
Et pour moi le seul mal est de ne pas jouir !

Du culte de l'atome il faut savoir déduire :
Assouvir dans son cœur la fureur de détruire,
Immoler au présent l'espoir de l'avenir ;
Ce sont mes droits nouveaux ! La vie est un délire,
De toute passion légitime est l'empire :
Je veux jouir sans frein ou tout anéantir.

VI

Voilà de l'univers la moderne Genèse :
L'atome est le grand Tout, l'éternelle synthèse ;
Lui seul a tout créé, lui seul est tout puissant.
L'atome est le seul Dieu que la science adore :
Elle voit tout en lui, tout par lui s'élabore ;
Deux mots résument tout : l'atome et le néant.

Des abîmes des cieux aux abîmes des hommes,
Des profondeurs des temps jusqu'aux temps où nous sommes
Recueillant du réel les rayons dispersés,
Partout nous rencontrons l'atome au fond des choses
Et découvrons en lui les effets et les causes ;
Il nous répond toujours : « Moi seul, et c'est assez ! »

S'il n'eut dans le passé qu'un éclat pâle et terne,
C'est qu'il ne brillait point dans un cerveau moderne :
Les hommes jusqu'ici furent hallucinés :
Partout d'un Dieu présent ils croyaient voir la trace ;
La nature n'était que l'ombre de sa face,
Et pour vivre immortels leurs cœurs se sentaient nés.

Ils se disaient : Le corps se dissout, mais notre âme,
Souffle matériel, esprit, céleste flamme,
Distincte de nos sens, survit à leurs débris ;
Un horizon sans fin, surnaturel, immense,
S'offrait à leur regard, flattait leur espérance :
Ils craignaient un enfer, voulaient un paradis.

La justice à leurs yeux était juste et certaine ;
Le bien avait son prix, et le crime, sa peine ;
Du vrai, du beau, du mal ils distinguaient le sens ;
Et qu'on leur eût parlé morale indépendante :
C'est le vice présent et la morale absente !
Se seraient écriés ces hommes du vieux temps.

Si quelque fou disait dans son humeur morose :
On trouve dans l'effet ce qui manque à la cause ;
Du mouvement fatal jaillit la liberté ;
L'amour est le reflet d'une insensible essence ;
De l'aveugle matière éclot l'intelligence,
Et de l'impersonnel la personnalité.

Ils ne s'enivraient point d'une phrase sonore ;
Ils poursuivaient l'idée et non la métaphore ;
Ils étaient tourmentés du mal de l'infini ;
Ils créaient le grand art, celui des Michel-Ange,
La grande poésie, écho pieux, étrange,
Pareil au chant lointain de quelque dieu banni.

VII

Avec leur vaste amour aux œuvres gigantesques,
Seraient-ils la nature, et nous... les romanesques !
Nous mutilerions l'homme et le ferions mentir !
Nous, modernes savants, dont la ferme sagesse
Emerveille la terre et la remplit d'ivresse !
Nous, gloires du présent, astres de l'avenir !

Non, non, ils étaient fous, puisque nous sommes sages ;
Nous contemplons le jour, ils voyaient des nuages ;
Ils seraient du progrès les immortels géants,
Et nous... les vagabonds ! La raison souveraine
Nous aurait aveuglés sur la nature humaine !
Les hommes du passé seraient de vrais voyants !

Et leurs pressentiments qu'ils appelaient sublimes,
Célestes, ne seraient que d'immenses abîmes,
Où se révèle un Dieu qu'il faut craindre et bénir !
Et des peuples la foi serait la loi suprême !
Et sur eux de la mort tomberait l'anathème,
S'ils voulaient de ce Dieu perdre le souvenir !

Non, non !.. ils avaient tort de se croire des hommes,
De porter leur passé au-delà des atomes,
D'allonger par leurs vœux leur rayon visuel ;
Et Colomb se trompait lorsque sa foi profonde,
Au sein de l'Océan lui découvrait un monde ;
Il se trompait encore en pressentant le ciel.

Que nous resterait-il, s'ils étaient la science ;
S'ils avaient mieux que nous compris l'humaine essence,
S'ils n'avaient point été les jouets de l'erreur ?
Oui, nous aurions raison d'insulter leur mémoire ;
Nous serions trop obscurs pour supporter leur gloire ;
Nous serions trop petits devant tant de grandeur.

VIII

Mais non ; dans le passé tout est mythe et légende.
Et de l'humanité la méprise fut grande
De vouloir pour appui ce qui n'existe pas ;
Nous allons lui donner une robuste base :
Les principes nouveaux, l'atome et notre phrase :
Sur ce puissant trépied s'affermiront ses pas.

Notre génie a vu que tout était fragile
Dans ce vieux monument qu'on nomme l'Evangile,
Et Bossuet croyait à sa solidité !
Aujourd'hui la raison a dissipé les ombres,
Et nous marchons enfin sur les vastes décombres
De ce temple inouï, deux mille ans respecté !

De Jésus adoré nous avons fait un homme,
Un homme comme nous, émanant de l'atome,
Et devant au gorille un culte filial ;
L'antique vérité se déclare outragée,
En appelle à l'histoire et veut être vengée ;
Mais l'histoire pour nous n'est plus un tribunal.

De par notre savoir, de par notre critique,
Le signe du divin ne peut être authentique ;
En vain protesteraient l'histoire et le bon sens ;
Ainsi que l'établit notre libre pensée,
Le bon sens est absurde et l'histoire insensée :
Le vrai n'est sécrété qu'en nos cerveaux puissants.

Oui, oui, jusques à nous l'histoire fut fictive :
Quand nous l'aurons revue et faite positive,
Quand, par les procédés que nous avons posés,
Elle confirmera nos éternels systèmes,
Alors nous l'admettrons dans nos savants problèmes :
Ses fastes jusque-là sont par nous récusés.

Nous ne voulons y voir ni dogme ni miracle,
Ni famille, ni Dieu, ni rien qui fasse obstacle
Au grand avènement du monde positif ;
Son témoignage ainsi sera vraiment critique,
Parfaitement loyal, éclairé, véridique,
En un mot, avec nous, toujours affirmatif.

Le dogme ! maintenant nous savons qu'il commence,
Qu'il finit comme veut notre libre science,
Et que jamais un Dieu ne nous le révéla ;
Le miracle, dit-on, ce siècle le constate ;
Qu'importe ! puisque Dieu n'est plus de notre date :
Tout est dans la nature et rien n'est au-delà.

Tel est notre axiome, il faudra s'y soumettre :
Les hommes et les faits devront le reconnaître,
Et, s'il existe un Dieu, qu'il le confesse aussi !
Et qu'il devienne atome ! Alors de ses prodiges
Nous saurons retrouver les glorieux vestiges
Et nous dirons partout : Le divin est ici.

Un être personnel, pratiquant la justice,
Commandant la vertu, la foi, le sacrifice,
Vraiment ! notre raison n'admettrait pas ceci ;
Mais si l'on annonçait que là-bas quelque atome
Achève sur-le-champ d'engloutir un royaume,
Nous prouverions fort bien qu'il doit en être ainsi.

Nous aurions nos ressorts et nos lois mécaniques,
Nos secrets des milieux, nos vertus magnétiques,
Le hasard, le phosphore ou bien l'élection,
L'éternel devenir, le besoin, l'habitude,
Et sur l'évènement nous ferions une étude
Où l'on admirerait notre érudition.

Oh ! nous étonnerions sans doute les deux mondes
Par nos grands aperçus, nos lumières profondes,
Brillant sur mille points... d'interrogation :
Qui sait ? Probablement ? Peut-être ? Mais sans doute ?
Qui pourrait le nier ? Ainsi, de route en route
Nous toucherions enfin à la solution.

Et nous de proclamer notre grande victoire,
Le progrès, la valeur, la sagesse et la gloire,
De l'homme de ce temps qui peut tout accomplir,
Et sait montrer que Dieu n'est pas dans la nature,
Que tout est créateur, que tout est créature,
Que tout devient toujours, que tout doit devenir ;

Et nous, de la railler, l'humanité crédule,
D'affirmer que la Bible est par trop ridicule,
Et nous, d'en appeler à l'heureux avenir ;
Et de conclure enfin par ces graves paroles,
Qui doivent remplacer les antiques symboles,
Et que tout l'univers est tenu d'applaudir :

Il est donc bien tombé cet immense édifice
Dont la crainte et l'espoir, l'erreur et l'artifice
Avaient dans le passé jeté les fondements :
Nous avons renversé sa dernière colonne,
Et dans le Saint des saints notre audace rayonne ;
Rien n'est vrai ni sacré que nos enseignements !

Mgr GASPARD MERMILLOD

A L'AUTEUR DE LA COUPE DE L'EXIL

Oui ta lèvre a tari la coupe de souffrance,
Longtemps tu parcourus la terre des douleurs,
Et rien ne te restait, pas même l'espérance,
Pas même un vieil ami pour essuyer tes pleurs !

Et seul tu gémissais bien loin de ta patrie,
Exilé, vers ses monts tu reportais tes yeux ;
Sur un sol étranger le rameau de ta vie
Se flétrit pour renaître ici plus radieux.

Ton âme ballottait sur une mer d'orage,
Naviguant à travers la tempête et la nuit ;
Car elle avait quitté le fortuné rivage
Où toujours apparaît le phare qui nous luit.

Nouveau Job, tu courbas le front sous la misère,
Comme lui tu marchais seul avec le malheur,
Et, comme lui, tu bus les eaux de la colère
Que versait dans la coupe un ange du Seigneur.

De son trône éternel Jéhova vit tes larmes,
Il comprit de ton cœur les immenses désirs ;
Dans tes maux tu brûlas de connaître ses charmes,
A l'éclat de son nom de mêler tes soupirs.

Puis l'on vit tes genoux s'abaisser sur la pierre,
Ton sein se reposer sur le sein de Jésus ;
Le Seigneur acceptait l'encens de ta prière,
Et versait dans ton cœur des plaisirs inconnus.

Un prince généreux te rendit la patrie,
Vers le toit paternel tu tournas ton regard ;
Et tu pleurais alors !... hélas ! la main hardie
D'un avide héritier avait ravi ta part !

Pour calmer ton chagrin tu saisis une lyre,
Et des chants de douleur, de plaisir tour à tour
Coulent harmonieux de ton brûlant délire ;
Mais le malheur attriste et ta nuit et ton jour.

Triomphe de l'orage, ô sublime poète !
Qu'importe qu'ici bas il te faille souffrir ?
Le cygne d'Albion volait dans la tempête,
Le Tasse rayonna quand il allait mourir.

Redis, redis encor des hymnes d'harmonie,
J'ai vu notre Savoie applaudir tes concerts ;
Regarde avec amour tressaillir ta patrie,
Et montrer son soleil aux yeux de l'univers.

Le monde, nous dis-tu, s'élève sur des ruines,
Il chancelle déjà comme un temple ébranlé ;
Le vice aurait chassé les célestes doctrines !
Lui seul serait aimé de notre humanité !

Barde, console-toi, le Christ règne au Calvaire,
Il subit maintenant un horrible combat ;
Mais sa main va briser le marbre funéraire
Qui semble le cacher dans l'ombre du trépas.

Le Seigneur t'a choisi pour chanter sa victoire,
Il posa sous tes doigts le luth des séraphins ;
Archange d'ici-bas, oh ! célèbre sa gloire,
Tes accents couvriront les blasphèmes humains.

La haine te poursuit jusques dans ta patrie,
Le serpent s'est dressé vers l'aigle radieux ;
Poète, des méchants brave la calomnie,
Ils rampent sur la terre et tu voles aux cieux !

Signé : G. Mermillod,
élève de Saint-Louis du Mont.   (*1844*)

R. P. PIERRE MONTAGNOUX

MISSIONNAIRE DE St-FRANÇOIS DE SALES

ODE A SAINT THOMAS D'AQUIN

« *Bene scripsisti de me Thoma.* »

Par quels chants t'exalter, Docteur, Ange et Génie,
Grand Thomas, dont la gloire en nos jours rajeunie
Semble un nouveau Soleil levé sur l'univers,
Toi qui du trône d'or où t'assit la sagesse,
Le front ceint de clartés et brillant de jeunesse,
Dois de tout nouveau siècle entendre les concerts ?

Sous quel nom t'acclamer, Toi, dont le vol sublime
Sut de toute science illuminer la cime,
Toi qui peut dans les airs flamboyer sans rival,
Toi, dont l'aile plongeant dans la divine Essence,
De tout savoir humain portant le poids immense,
Pour sphère eut l'infini —, pour aire l'idéal ?

Oui, ta gloire éblouit et ton génie écrase. —
Ton nom seul, ô Thomas, comme la flamme embrase ;
Ton œil baigné de feux se perd dans les hauteurs.
Chacun de tes écrits étincelant d'oracles
Est pour l'intelligence un foyer de miracles
Dont sept siècles bientôt vont bénir les splendeurs.

Quel mortel sur la terre imprima mieux sa trace ?
Quel astre garda mieux ses rayons dans l'espace ?
Quel géant sut broyer plus d'erreurs sous ses pas ?
Aussi, le soleil seul peut te servir d'emblème :
Ses gerbes de clartés, voilà ton diadème :
Toujours beau comme lui, seul tu ne passes pas...

De la science impie, accourez, fiers pygmées !
Contre un pareil athlète assemblez vos armées !
Que pourraient contre lui, même tous vos renforts ?
Comme un bloc immobile au fracas de l'orage,
Thomas des flots houleux peut défier la rage :
Son front toujours serein se rit de vos efforts.

Que pourraient vos engins, vos marteaux, vos enclumes
Sur le divin granit d'un seul de ses volumes
Trop lourds, trop écrasants pour vos débiles mains ?
Beaux esprits, qu'êtes-vous en face d'un tel homme ?
Vos écrits valent-ils un feuillet de la Somme ?
Fuyez ! devant Thomas vous n'êtes que des nains.

Dans lui, tout est lumière et lumière sans ombre ;
La vérité rayonne en ses œuvres sans nombre
Comme elle resplendit dans les sphères des cieux.
Autant de traits de plume, autant de traits de flammes,
Dévoilant l'infini dans le monde des âmes,
Ouvrant des horizons toujours plus radieux.

Ce génie a pu seul tout prévoir et tout dire :
Pour foudroyer l'erreur, lui seul y peut suffire :
Nul sophisme n'échappe aux coups de son marteau.
Aussi la Somme seule a-t-elle en tout concile
L'honneur de resplendir près du saint Evangile,
Comme un phare immortel, comme un divin flambeau.

Si notre siècle hélas ! penche vers les ruines,
Un nouvel astre aussi ceint de clartés divines,
Après des nuits d'éclairs, se lève à l'horizon.
Oui, Thomas d'un beau jour c'est l'aurore bénie ;
Tout semble rajeunir aux feux de ce génie]
Que fait reluire au ciel l'étoile de Léon...

Quand le jour sur le globe a fourni sa carrière,
Le soleil dans la nuit nous voile sa lumière :
Mais Thomas doit briller sans ombre ni déclin.
Un siècle semble à peine une heure de sa course...
Sa flamme se ravive à l'éternelle source,
Et comme Dieu, toujours il n'est qu'à son matin.

Et ce roi des esprits, ce céleste Archimède,
Ce neveu des César, des Guiscard, des Tancrède,
(Quel leçon sublime au faste de mortels !)
Mendiait, comme un pauvre, une feuille volante
Qui sortait de ses mains en gerbe éblouissante
D'ineffables clartés, d'oracles éternels.

Dans ce royal cerveau, quelle encyclopédie !
Mais dans ce cœur aussi quels flots de mélodie !
Cinquante ans sont montés en nuages d'encens,
Quand Thomas, l'œil en feu, le front dans la poussière,
Comme enivré d'extase, ébloui de lumière,
De ses pleurs à l'autel épanchait les torrents !

Jadis le monde entier tremblait au nom de Rome ;
Mais l'erreur mieux encor tremble au nom de la Somme,
Merveilleux arsenal aux vaillants d'Israël :
« Enlevez Thomas seul et je détruis l'Eglise ! »
Disait un mécréant. — Eh quoi ? Folle entreprise !
L'astre du jour plutôt s'éteindrait sous le ciel !

Ta Somme, quel poëme ou mieux quel Evangile !
Mais quelle tombe aussi pour toi dans ce concile,
D'où les anges en chœur portaient ton âme aux cieux !
Va ! d'un tel séraphin la terre n'est plus digne :
Va chanter aux élus ton dernier chant du cygne ;
Mais laisse au monde en deuil tes œuvres pour adieux !

Ce qu'ici-bas dans l'ombre entrevit ton génie,
Aux rayons éternels de l'essence infinie,
Là-haut tu peux le voir face à face et sans fin.
O chantre de l'autel et du vrai sans mélange,
Prête-nous ton vol d'aigle avec tes ailes d'ange,
Avec ta plume d'or, ton cœur de séraphin !

Fais rejaillir les fleurs sur notre nuit profonde !
De plus vive clarté baigne ce pauvre monde !
Sois pour l'Eglise en pleurs l'astre de l'avenir !
La terre, un jour, se tut à l'aspect d'Alexandre :
Qu'elle se taise encor, Thomas, pour mieux t'entendre
Ou n'ait plus qu'une voix, grand Saint, pour te bénir !!!

LE POÈTE CHRÉTIEN

AU XIX° SIÈCLE

Dédié à Octave Ducros de Sixt.

« *Egregius psaltes Israel* »

Dieu qui fit le soleil pour baigner de lumière
Ce globe, suspendu comme un grain de poussière
Dans les champs de l'espace où se perd l'œil humain,
Créa l'ange et lui dit : Va, fils de l'harmonie,
Chante aux échos des cieux ma puissance infinie :
Que la harpe à jamais frémisse sous ta main.

Mais il voulut aussi que la terre eût son ange :
Il lui mit dans les doigts le luth pour sa louange :
Des feux de son amour il embrasa son cœur.
Messager, lui dit-il, au monde qui m'oublie
Va, rappelle mes droits : Vas, et partout publie,
Dans la langue des cieux, la gloire du Seigneur !

Cet ange de la terre, ah ! C'est le vrai poëte,
Dont la lyre à vibrer, au moindre souffle est prête,
Et qui ne veut que Dieu pour thème à ses accents :
Dans son vol de géant, sur des ailes de flammes
Vers le ciel, comme un aigle, il emporte les âmes
Qu'animent les éclairs de ses regards perçants

Sans cesse, à louer Dieu, conviant la nature,
Il fait monter l'encens de toute créature.
De son luth, qu'il balance ainsi qu'un encensoir,
Aux zéphyrs, aux autans, aux fleurs, aux flots, aux cimes,
Il prête des accords gracieux ou sublimes,
D'un cœur d'or et de feu, féerique miroir.

De Dieu, partout son œil cherche et trouve la trace :
Dans l'oiseau, qui d'un lac effleure la surface,
Dans la mer, qui des cieux reflète la splendeur,
Dans la fleur, qui d'un champ, diapre la verdure,
Dans l'arbre, qui sur l'homme enlace sa ramure,
Il voit, chante et bénit la main du Créateur.

Sa harpe aime à chanter les grandeurs de Marie,
Et sa main à poser sa corbeille fleurie
Sur l'autel où son cœur lui fit ses premiers vœux.
A ses pieds, il savoure un bonheur sans mélange,
Et, pour Elle, en transports, luttant même avec l'ange,
Il voudrait lui ravir et ses chants et ses feux.

Du doux pays natal, il nous dépeint les charmes,
Du foyer paternel, les beaux jours sans alarmes,
De son hameau lointain, les ébats innocents,
L'église aux murs noircis, à l'alpestre parure,
Et l'autel embaumé, qui de son âme pure
Vers le divin Captif vit les premiers élans.

Pour l'Eglise, à son tour, rêvant son épopée,
De sa lyre, au besoin, il ferait une épée.
Pour elle, il livrerait sa tête avec transport.
Il voit comme un soleil resplendir la tiare,
Aux nochers, sur les flots, la montrant comme un phare,
Qui seul, loin des écueils, peut guider au vrai port.

Au deuil de la patrie, il sait donner des larmes,
Couvrir de verts lauriers de triomphales armes,
Faire fleurir l'espoir aux cyprès d'un tombeau,
Mêler ses chants de gloire aux clameurs des batailles,
Ramener l'héroïsme au cri de : Représailles !
Et d'un peuple opprimé relever le drapeau.

Sans cesse balançant son aile radieuse,
Sur les fleurs des beaux-arts, abeille industrieuse,
Pour nous il sait dorer mille rayons de miel.
Si l'ange vit d'amour, lui vit de poésie :
Toujours, partout, il va cueillir cette ambroisie
Qui donne dans l'exil un avant-goût du ciel.

Lui, grandit ses accords quand la foule blasphème :
Au crime triomphant, il lance l'anathème,
Comme dans son lyrisme, il berce la vertu :
Du jour des grands périls, il fait son jour de fête :
Plus sévit l'ouragan, plus il dresse la tête :
Il peut être blessé, mais jamais abattu.

Pour tous, il n'a jamais qu'une même balance :
Du vice et de l'erreur, il combat la jactance :
Partout, du vrai mérite il exalte les droits.
Sa main, des cœurs meurtris sait panser les blessures,
Clouer au pilori toutes les forfaitures,
Et nous montrer à tous le salut dans la croix.

Du monde qu'il enchante, il habite les cîmes :
La terre est un réseau pour ses ailes sublimes ;
Comme à l'aigle, il lui faut l'immensité des airs.
Sur les plus hauts sommets, le Sina, le Calvaire,
Sous un soleil sans ombre, il va percher son aire,
Pour lancer de plus haut et plus loin ses éclairs.

Près du berceau d'un Dieu, son cœur fond en délices ;
Du sang qui sauva l'homme adorant les prémices,
Il baigne de ses pleurs le sol de Bethléem.
Du nectar des Elus il s'enivre à la Cène,
De Véronique en pleurs, renouvelant la scène,
Il baise mille croix d'autres Jérusalem.

A l'Apôtre, il voudrait pouvoir donner des ailes,
Partout, du saint amour, jeter les étincelles,
Etouffer le blasphème au bruit de ses concerts :
Il voudrait dans son sang, expiant tant d'outrages,
Des vrais soldats du Christ raviver le courage,
Des captifs de Satan, rompre à jamais les fers.

Ange exterminateur, il voudrait...... Mais que dis-je ?
Oh ! Ce n'est pas assez d'admirer ce prodige :
Tout chef-d'œuvre divin doit nous voir à genoux.
Heureux qui d'un tel luth reçut le sacerdoce !
Que de nains, de nos jours, domine ce colosse !
Gloire à qui l'on peut dire..... Et cet ange, c'est Vous !

RENÉ MUFFAT

LA LÉGENDE DU CHÉVRIER

Satan n'est si bon clerc, qu'un enfant ne l'abuse,
    Je veux dire un enfant chrétien.
La preuve, nous l'aurons où me conduit ma muse :
    Près du montagnard chablaisien.

L'an passé, l'on compta, dans la dernière veille,
    L'histoire du bon chévrier ;
Et, quand chacun de nous eut ouï la merveille,
    Chacun de nous alla prier.

    Ce fut aux jours du moyen-âge
Que Jean-Claude vivait. Or ce n'est point longtemps :
    Pour nous transmettre son image
Cinq vieillards ont suffit, qui sont morts à cent ans.

Brave et bon, et très-sage et beau garçon, Jean-Claude,
    Dernier fils d'Anselme Trombert,
Etait savant aussi, comprenant vêpres, laude,
    Mieux que n'eût fait le grand Albert.

   Et de maintes choses secrètes
Il avait le fin mot. Des plus lointains hameaux,
   Pour soulager hommes et bêtes,
On venait le quérir. Il calmait tous les maux.

Du miracle, en voici : — Dans toute cette histoire,
   Sire, on vous en baillera prou —
Jean-Claude, en la forêt, haranguait, c'est notoire,
   Renard et loup, et loup-garou.

   Il n'avait jamais goûté mie
D'aucun de nos soulas. De bonne heure orphelin,
   Sa mère morte, plus d'amie,
Plus d'amie! oh! si fait! dit tout bas Jacquelin.

Jacquelin, grand bavard, et sonneur du village,
   Un jour, du haut de son clocher,
Vit une damoiselle au rondelet visage
   Du beau Jean-Claude s'approcher.

   C'était bien loin, sur la colline
Où, ce jour-là, Jean-Claude arrivait, haletant,
   Avec les chèvres de Morzine,
Qui déjà sautillaient d'allégresse, en broutant.

Beau matin! beau soleil! La grive, dans les fraises,
   Picorait : ce tigré chanteur
Avait tôt besogné. Les sapins, les mélèzes
   Exhalaient une âpre senteur.

   Le lézard vert, sous la feuillée,
Engourdi par la nuit, n'osait bouger encor;
   L'humble myrtille était mouillée;
On ne voyait s'ouvrir le joli *bouton d'or*.

Pourtant l'on entendait au loin, dans les prairies
    Et sur la pente des coteaux,
Les cris de nos vachers, et leurs chansons chéries,
    Et la clochette des troupeaux.

    Jean-Claude, dans une clairière,
Vers l'eau s'assied rêveur, un gros livre à la main.
    L'émotion et la prière
Aidant, il ne vit pas qui suivait son chemin.

Droit vers le même lieu, du côté de Morzine,
    Une étrangère en chaperon
Venait, gente de corps, mais d'insolente mine,
    Cueillant muguet et liseron.

    Quand elle eut gagné la fontaine,
Jean-Claude l'aperçut qui tombait à genoux :
    — « Madame, êtes-vous châtelaine?
Cherchez-vous le chemin pour retourner chez vous ?

« Je vous reconduirai sans délai, ni salaire ;
    Tous les sentiers me sont connus.
M'est avis qu'au bon Dieu rien ne saurait tant plaire
    Que nos frères soient bienvenus.

    — « Non, dit notre belle effrontée,
En effeuillant des fleurs et poussant gros soupirs ;
    Non : mes parents m'ont rejetée ;
J'erre, dès mon enfance, en tous lieux, sans plaisirs.

« Enfant, il n'est besoin que tu me reconduises
    A des spectacles malséants.
J'aime l'oiseau, la fleur, l'air embaumé, les brises,
    Et je les trouverai céans.

« Il fait si bon goûter l'airelle
Sur l'heure de midi, voir les airs langoureux
De deux pivoines en querelle,
Et suivre les ébats des bruants amoureux.

« Tu penses que de faim, la semaine écoulée,
Peut-être on me verrait mourir.
Non : du lait d'un troupeau si petite goulée
Prou suffirait à me nourrir.

« Et quand viendrait me chercher noise
Madame sécheresse, en brûlant mon gosier,
Je recourrais à la frambroise,
A l'épine-vinette, au fruit de l'alisier.

« Te plaire et te servir, dans cette solitude,
Mirer la vertu dans tes traits,
Ce serait bien tout là l'objet de mon étude.
Est-il de plus charmants attraits?

« Pastoureau, dis-moi, sans doutance,
S'il t'est gré qu'en ces lieux je m'attache à tes pas.
Suis-je personne d'importance
A tes yeux, beau berger?... Tu ne me réponds pas? »

... Jean-Claude, fils d'Anselme, a repris ses pensées;
Mais auront-elles même cours?
Par miracle voit-on entreprises sensées
A la suite de longs discours?

Il ne regarde plus la dame.
Peut-être, dites-vous, y pense-t-il d'autant;
Car tel éprouve douleur d'âme,
Qui simule victoire et fait du prépotent.

Quoi que vous en croyez, au souris de la belle,
    Et qu'il fit frais ou qu'il fit chaud,
L'œil du garçon, tout le jour, fut rebelle,
    Il sembla dire : Il ne m'en chaut.

    Le soir venu, Jean-Claude, morne,
Prend son repas, couché dans l'herbe et dans le frais,
    Fait signe au bouc, sonne la corne,
Ne sonne mot à l'autre. — Elle en fut pour ses frais.

Mais un an, mais trois ans, et par mont et vallée,
    Elle suivit le beau garçon,
Sans que Jacquelin dit : « Elle s'en est allée
    Jeter ailleurs son hameçon. »

    Chaque jour, en sonnant matines,
Jacquelin l'avisait, guettant le chévrier,
    Mais se tenant loin des chaumines
D'où les gens auraient pu, des fois se récrier.

Elle était là, plantée, en deçà de la Dranse,
    Ainsi qu'une apparition.
Maintes fois le sonneur, saisi de belle transe,
    Fit l'acte de contrition.

    « Va-t-en, maudite pécheresse,
Disait-il à part soi. Ce que c'est que de nous!
    Aux charmes d'une enchanteresse
On a vu succomber qui faisait peur aux loups!

« Le fils d'Anselme a mis du poison à ses lèvres.
    Le voilà-t-il pas plus rêveur!
Il n'a souci de Dieu, non plus que de ses chèvres.
    Comme il est rouge, bon Sauveur! »

Messire, pour parler sans fraude,
L'enfant du vieux Trombert rouge était si vraiment,
   Et le cœur brûlait à Jean-Claude
Ainsi que le cœur brûle au chamois en tourment.

Ceci n'allait point mal à madame Garcette ;
   Sans retard elle résolut
De tenter le grand coup. Mais l'allure doucette
   Ne convenait pour qu'il voulût.

   « Il est timide, se dit-elle.
Il m'aime, c'est bien clair, mais ne l'avoûrait point.
   Il faut une arme plus mortelle,
Et de plus prompt effet, qui l'amène à mon point. »

La mauvaise a couru s'enivrer de gingembre,
   — Son œil prend un éclat nouveau, —
Puis fait un composé de marjolaine et d'ambre
   Dont elle frotte son cerveau.

   Vénus déguisée en furie
N'aurait plus de beauté ni d'influent pouvoir
   A la contagieuse envie,
Qu'un être fait ainsi. — Dieu nous garde d'en voir !

Elle enguirlande au mieux avec roses sauvages
   Sa robe ; et, sur son chaperon,
Elle a soin d'assortir la mûre des rivages
   A la fleur du rhododendron.

   Nous savons bien quel galant homme,
Quel vert galant, quel prince, et quel illustre amant,
   Que parmi vous chacun renomme,
N'aurait point regardé la Belle impunément.

Sage enfant, n'allez pas si loin dans la montagne !
        Quelqu'un bien pire que les loups
A pas de loup vous suit, et déjà vous regagne...
        Il n'entend ! Les hommes sont fous.

        Ils allaient, ils allaient, rapides,
Ainsi qu'à des repas de fête nous allons ;
        Ils arrivent, à toutes guides,
Dans un vallon boisé, — le plus noir des vallons.

Jean-Claude était, vraiment, de bizarre nature ;
        Car trois hivers avaient passé
Depuis qu'il endura la première aventure,
        Sans que la Garcette l'eût lassé.

        Mais chose, en vérité, plus drôle :
Malgré l'ardent amour dont il était brûlé,
        Il refusait toute parole
A celle qui de soins l'avait du tout comblé.

— « Chévrier, me voici. Regarde, suis-je belle ?
        Fit-elle, en lui prenant la main.
Il te faut me parler. L'amour t'enseigne-t-elle
        A faire encore de l'inhumain ?

        Et ses yeux pleuraient de luxure,
Ils pétillaient, blessaient, luisaient comme du feu.
        Non, nul Parisien, je m'assure,
N'eût pu, de son plein gré, résister à ce jeu.

— « Ta voix, cruel garçon, est-elle donc tarie,
        Qu'elle ne réponde à ma voix ?
Aimes-tu ?...— Oui ! dit-il... Qui ?...— La Vierge Marie. »
. . . .
        ..... Satan déguerpit de ces bois.

LA FLEUR QUI CROIT EN TOUS LIEUX

(POÉSIE)

Phébus a ranimé la terre ;
Voici les chantres du printemps.
Reviens à nous, fleur solitaire,
Souci que j'aime et que j'attends !
Dans les jardins de l'Helvétie,
Au renouveau, ton nom mignard
Est le premier que balbutie
L'enfant du pauvre montagnard.

Un jour, loin des Alpes chéries,
Ton parfum vague et ta couleur,
Sous le soleil d'autres patries,
Pourront endormir sa douleur.
En quelque endroit que l'homme pleure,
Ou qu'il espère en l'avenir,
Il te rencontrera sur l'heure,
Avec un lointain souvenir.

Parfois le malheureux s'étonne
De voir, en des climats divers,
Ta fleur charmante et monotone
Paraître au sortir des hivers.
Soudain c'est un trait de lumière
Qui fait rayonner à ses yeux
Son clocher, son champ, sa chaumière
Et la tombe de ses aïeux.

De la Dranse aux bords du Bosphore
J'ai découvert et j'ai béni
Tes fermes boutons près d'éclore
Et ta couronne d'or bruni.
Tantôt c'était comme un dictame
A mon cœur souvent ulcéré ;
Tantôt s'attendrissait mon âme
Qui n'avait point assez pleuré.

Constantinople-Péra, décembre 1875.

LÉON NOUVELLE

LE RETOUR DES CHAMPS

Le soleil, tout le jour, de la voûte des cieux,
A versé par torrents ses rayons radieux,
Sur les riches moissons qu'il féconde et qu'il dore,
Et sur l'homme des champs courbé depuis l'aurore.
Mais enfin, par degrés, dans son ardeur lassé,
Sous le calme horizon l'astre s'est abaissé,
Et laisse une clarté plus discrète et plus pure
Consoler en mourant la tranquille nature.
C'est le jour qui s'en va. Déjà, tout frémissant,
Dans les hauts peupliers qu'il caresse en passant,
Le vent du soir se joue, et déjà son haleine
D'un concert vague et doux remplit toute la plaine
Alors le paysan dans les champs attardé
Relève enfin son front de sueur inondé.
Il voit à l'horizon sur les collines sombres
La nuit, comme un réseau, développer ses ombres,
Et les étoiles d'or s'allumer lentement
Dans le dôme obscurci du vaste firmament.
L'alouette se tait sur les sillons ; la brume

Sur les bourgs blanchissants flotte comme une écume,
On entend revenir à travers les vergers
Les grelots des troupeaux, et les chants des bergers ;
Et partout, des hauteurs, des plaines, des vallées,
Comme un concert de voix limpides et mêlées
Le chœur des Angelus, en tintements joyeux,
Des clochers des hameaux se répand dans les cieux.
C'est l'heure solennelle où la nature entière
Murmure vaguement son immense prière,
Témoin silencieux de ces calmes beautés,
Le paysan regarde et sent de tous côtés
Comme un charme passer dans son âme étonnée.
Enfin il a fini la pénible journée !
Son outil sur l'épaule en suivant les prés verts,
Par les sombres vallons, par les champs découverts,
Par les sentiers perdus rampant sous la futaie,
Par les chemins poudreux que la nature égaye
Il regagne à pas lents son modeste séjour,
Car on l'attend là-bas en guettant son retour,
Et l'amour et les soins d'une famille chère
Lui rendront le cœur fort et sa tâche légère,
Et c'est là que toujours, humble et vivant de peu,
Il trouve le bonheur sous le regard de Dieu.

LASSITUDE

Quand la voix de la mort frappera ma pensée,
  Disant il faut partir !
Quand je verrai son ombre à mon chevet dressée,
Et que je sentirai sur ma tête glacée
  Sa main s'appesantir,

Mon âme s'échappant de sa prison fragile,
  Libre, prendra son vol
Et ne laissera rien qu'une forme immobile,
Un cadavre plus vain que la poudre d'argile,
  Qu'on foule sur le sol.

Alors, près de ma couche où brillait l'espérance
  Comme un astre menteur,
Une ombre au voile noir, sanglotant en silence,
Viendra s'agenouiller et prier la clémence
  Du divin Rédempteur.

La lampe qui nous veille à ce dernier rivage
  Où rien n'est agité,
De ses pâles reflets couvrira mon visage,
Flambeau mystérieux et consolante image
  De l'immortalité.

Et les cloches dans l'air, comme une voix qui pleure,
  Annonceront à tous
Que du fardeau des jours, libérée avant l'heure,
Une âme pour jamais vient de prendre demeure
  Au dernier rendez-vous.

Au bruit retentissant des funèbres volées,
  Parents, amis en deuil,
Descendront des hauteurs, monteront des vallées,
Et le triste convoi, plein de voix désolées
  Conduira mon cercueil.

Hommes pour qui la vie est une voie austère,
  Et soumis au destin
Ils diront en rendant ma dépouille à la terre :
Il ne souffrira plus de l'humaine misère,
  Qu'il se repose enfin !

Et dans l'immense rang j'occuperai ma place;
        Endormi sans retour,
Près de ceux qui sont morts sans point laisser de trace,
Où chaque âge s'en va, comme une ombre qui passe,
        S'abîmer tour à tour.

Oh! près de mes aïeux avoir une humble tombe
        Pour mes restes lassés!
Une croix de bois noir, un saule qui surplombe,
Et puis ce grand oubli qui sur chacun retombe,
        N'est-ce pas bien assez !

J. OGIER

LES BERNOIS EN CHABLAIS

> « ...Les Bernois se prévalant de l'occasion, enva-
> « hirent de leur costé le païs du Chablais, et abo-
> « lirent la religion catholique romaine partout où
> « ils peurent estendre la force de leurs armes. »
>   (La vie du B. François de Sales. Livre neu-
>   vième, — par Charles-Auguste de Sales.)

> « ... Car son (du duc Charles) bon païs de Sauoye
> « fut prins des Allemands hérétiques, Luthériens
> « en partie et par force mis en celle hérésie dam-
> « nable. »
>   (Le Levain du Calvinisme, — par sœur
>   Jeanne de Jussie.)

C'ÉTAIT au temps d'hiver où l'on veille au village ;
Près de l'aïeul aimé, vieillard courbé par l'âge,
Les enfants s'ébattaient. Mais soudain, s'arrêtant :
Grand-père, dirent-ils, contez-nous une histoire
De saints, de pèlerins, d'âmes du purgatoire !...
Nous serons attentifs... et vous en savez tant !
Et tous autour de l'âtre où pétille la flamme,
De s'asseoir.
        — C'est demain fête de Notre-Dame,
Répondit le vieillard ; et pour ce, m'est avis

Que Notre-Dame doit entrer dans le devis.
Mais de m'être attentifs, tenez bien la promesse.
Surtout soyez demain sages à la grand'messe,
L'histoire dont je vais vous faire le récit,
Mes enfants, s'est passée en des lieux près d'ici.

I

Au retour du printemps, quand la neige est fondue,
Vous montez quelquefois au sommet des Voirons ;
Vos regards curieux, errant aux environs,
Découvrent vers le nord une immense étendue.
D'abord c'est le Chablais plantureux et charmant ;
Plus loin, c'est le grand lac qu'on appelle Léman,
Où, quand le ciel est pur, vous voyez les nacelles
Sur son horizon bleu croiser leurs blanches ailes,
C'est là Suisse au-delà, pays âpre et divers,
Où les pics blancs de neige ombragent des prés verts ;
Où l'ours, des hauts sommets, guette les bergeries
Pour fondre sur la bête attardée aux prairies ;
Où pendent des cités comme des nids d'aiglons,
Où les chalets riants descendent aux vallons,
Urnes de quinze lacs, arrosant des rivages
Qui sont ici des fleurs et là des rocs sauvages.

II

Or, le peuple de Suisse, autrefois simple et doux,
Avait les mœurs, la foi, des autels comme nous,
Quand vint Martin Luther. Apostat et rebelle
A l'Eglise, il prêchait une église nouvelle,
Fort commode surtout ; la ruse et la terreur
Entraîna maints cantons dans son chemin d'erreur.
De plus l'hérésiarque, à ce peuple tranquille
Fit partager sa haine, au nom de l'Evangile,
Contre Rome, le Pape et les croyants romains

Que ses discours peignaient idiots, inhumains,
Monstres dont à coup sûr il serait salutaire
De détruire la race et de purger la terre.

III

C'était l'an quinze cent trente-six, à peu près,
— Date dans notre histoire écrite en sombre traits ! —
En ce temps, le Piémont à deux rivaux en proie,
Le duc Charles appela ses guerriers de Savoie,
Car la Savoie alors et dès le temps jadis,
Au Piémont envoyait ses bataillons hardis.
Ils passèrent les monts ; mais laissé sans défense,
Le pays ne pouvait repousser une offense.
Les Suisses le savaient, et bientôt saisissant
Le moment épié, les milices de Berne
Fondent sur le Chablais, comme d'une caverne
Des ours sur le troupeau dont le pâtre est absent.

Comme saisi soudain d'une émotion forte,
L'aïeul s'interrompt... puis il reprit de la sorte :
— Mes enfants, quand je pense à cette invasion,
Je ne puis contenir ma vieille émotion ;
Les Bernois, enflammés d'une haine hérétique,
S'attaquaient avant tout à notre culte antique.
De nos divins autels, gravissant les degrés,
Ils vidaient et souillaient les calices sacrés,
Foulant aux pieds l'hostie, et brisant les images
De la Vierge et des Saints, objets de nos hommages,
Ivres de sacrilèges, ils sortaient du saint Lieu,
En jetant le brandon pour y mettre le feu.
Puis, après le saint Lieu, venait le presbytère,
L'oratoire béni, le pieux monastère.
Ils cherchaient les hameux en quittant les cités,
Et personnes et biens, rien n'était respecté.

On m'a montré le sol où se trouvaient assises
Les potences de Berne au hameau de Concises,
Ensemble nous avons sur les prochains coteaux,
Visité les débris faits des anciens châteaux.

Lorsque la mise à sac fut finie aux campagnes,
Vint le tour des vallons, des gorges, des montagnes ;
Comme à tous nos voisins vint notre mauvais jour ;
Et nous eûmes aussi la visite sauvage
Des Suisses apportant notre part de ravage ;
Notre carillon fut mis à bas de sa tour,
Et la tour fut rasée, et l'église au pillage

IV

Cependant le Voiron, de l'épaisse forêt
D'arbres hauts et chenus dont son flanc se couvrait,
Cache son vieux couvent. Et déjà, plein de joie,
Le village espérait dérober une proie
A la torche bernoise ; il n'en fut pas ainsi.
Enfants, écoutez bien cet endroit du récit !

Un Jean Burgnard, de Brens, catholique infidèle,
S'était fait huguenot, et, pour prouver son zèle,
Il vint dire aux Bernois : « Votre œuvre est avancé ;
« La ruine est partout où vous avez passé ;
« Nos hameaux sont purgés de moines et de prêtres ;
« J'en ai moi-même fait sauter par les fenêtres.
« Votre œuvre est avancé, mais tout n'est pas fini ;
« Là-haut, sur le Voiron, la forêt cache un nid,
« Magnifique couvent ! Je sais la route à prendre ;
« Nous aurons là de quoi piller, réduire en cendre,
« Marchons sans tarder plus ! »
      — Et la bande, aussitôt,
Marche, Burgnard en téte, à ce nouvel assaut.
Or, à peine au travers de la forêt touffue,

Les murs du monastère ont-ils frappé la vue,
Que de sauvages cris s'échappent dans les airs,
Comme des hurlements de loups dans les déserts.
A l'envi brandissant et la torche et la lance
Au couvent désarmé la cohorte s'élance.
Depuis les saints caveaux jusqu'au sommet des tours,
L'on souilla, l'on pilla, l'on saccagea trois jours.
Le blasphème hurla sous les pieux portiques
Où nos dévots aïeux entonnaient leurs cantiques,
Et l'orgie assembla ses convives sans frein
Sur la dalle où priait le Chablais pèlerin.
L'histoire ne dit pas si les moines en fuite
Des soldats forcenés trompèrent la poursuite ;
Mais les vieux d'autrefois contaient qu'aux creux chemins,
L'on avait découvert des ossements humains.
Quoiqu'il en soit, bientôt une épaisse colonne
De rougeâtre fumée au Voiron tourbillonne :
L'incendie éclatait, sinistre adieu jeté
Par la horde au couvent qu'elle avait dévasté.
Des arceaux mutilés de l'église écroulée
L'incendie égarait sa flamme échevelée
Jusqu'aux pins résineux, jusqu'aux flancs du rocher ;
La forêt s'alluma comme un vaste bûcher ;
Et quand la nuit survint, elle n'eut, impuissante,
Pour éteindre le jour qu'une ombre insuffisante ;
Et pendant plusieurs nuits, les immenses reflets
Des Voirons enflammés éclairaient le Chablais.

V

Epargné cependant au milieu du désastre,
Des décombres sortait un tronçon de pilastre
Où, dans son creux abri, la Vierge du couvent
Intacte résidait. Burgnard l'apercevant,
Sur des débris haussé, l'eut bientôt abattue.

Puis, après maint outrage à la sainte statue,
Il vint à l'attacher d'un lien par le col,
Et, la traînant captive après soi sur le sol,
Il se moquait, disait : « Suis-moi, petite more !
« On dit que ton pouvoir que tout le monde implore
« Est pouvoir souverain ! Sers-t-en pour t'arracher
« A celui qui te traîne ainsi sur le rocher. »
Pendant qu'il blasphémait, sur la pente facile,
La statue à l'effort devenue indocile
S'arrête... Afin de voir l'obstacle survenu
Qui pouvait entraver son sentier libre et nu
Burgnard tourne la tête. — Et sa tête immobile
Fit pour se retourner un effort inutile ;
Sur cette face torse et morte au mouvement
La Vierge des Voirons fixait le châtiment,
De sa toute-puissance éclatant témoignage,
Qui se prolonge encor parmi nous d'âge en âge.
Enfants, vous avez vu sur le bord du chemin
Le pauvre au cou tordu qui nous tendait la main
Et nous faisait frayeur et pitié tout ensemble ?
Il se nomme Burgnard : la tradition dit
Que c'est un descendant de Burgnard le maudit,
Et qu'au père le fils d'âge en âge ressemble.

L'aïeul se tut ; son front se pencha soucieux.
Et les enfants avaient des larmes dans les yeux.

La veille de la Chandeleur.

ED. ORSAT

L'AUTOMNE

Ce matin là, dans l'étendue,
Le brouillard courait tristement.
Ses flots gris, à perte de vue,
Masquaient l'azur du firmament.
Prés et monts perdaient leur parure.
Moi, sentant mon cœur se serrer
Devant ce deuil de la nature,
Je me surpris à murmurer :

C'est l'automne, et la feuille morte
Sur le chemin tombe déjà.
L'amour frileux ferme sa porte :
Qui sait quand il la rouvrira ?

Comme le ciel, sombre est mon âme.
O doux trésors de nos printemps,
Amour, folie, ivresse et flamme,
Vous êtes où sont nos vingt ans,
Et dans des nuits de triste veille
Mes souvenirs, spectres glacés,
Viennent souvent à mon oreille
Chanter l'hymne des trépassés.

C'est l'automne, et la feuille morte
Sur le chemin tombe déjà.
L'amour frileux ferme sa porte :
Qui sait quand il la rouvrira !

Mais parfois mon cœur auprès d'elle
Semble se réchauffer un peu,
Et puise comme une étincelle
Dans les éclairs de son œil bleu.
Oui, de ma vie, ô ma charmante,
Tu peux dorer l'autre moitié,
Autant que belle sois clémente...
Quand on dit femme on dit pitié !

C'est l'automne, et la feuille morte
Sur le chemin tombe déjà
Mais l'amour qui fermait sa porte
En souriant la rouvrira.

A. OUGIER

PROMENADE EN TARENTAISE

(FRAGMENTS)

« *Migravit Judas propter afflictionem et multitudinem servitutis.* »
JÉRÉMIE.

I

Et triste, je disais : — Si ce n'est qu'une tombe,
Allons, allons pourtant, avant que le jour tombe,
Et s'en aille chercher les larmes de demain,
Allons rêver encore dans la ville des ombres !
Aux morts il ne faut pas laisser des nuits trop sombres :
C'est si rare un vivant qui va par leur chemin !....

Une tombe !.... c'est donc le grand mot de la vie !
L'existence toujours de la tombe est suivie ;
C'est donc là qu'à jamais il faudra s'endormir !
Dans la tombe, le fils qui dort près de son père ;
Le pâtre avec le roi.... la mort : un peu de terre
Qui pèse sur le front, et puis.... nul souvenir !

Et dire que pourtant c'est là tout ce qu'on nomme,
Parmi nous, ici-bas, un grand peuple, un grand homme !
Et dire que ce peu de cendres que voilà,
— Comme le sable errant qu'emporte la rafale
Lorsqu'elle roule en feu sa hurlante spirale, —
Et qu'insensiblement la mort entassa là ;

Dire que ce désert, cette nuit, ce silence,
C'est tout ce que le temps a fait de l'existence
Que tu mis tant de soins à créer, ô mon Dieu !
Oh ! c'est le désespoir ; et tout n'est qu'ironie...
Pourtant, allons encore aux morts de la patrie
Demander leurs secrets, et porter un adieu !

II

« — Voir les deux Océans, avec tous leurs murmures,
Humblement s'incliner sous les hautes mâtures
De Rome, et sous leur pas s'agenouiller l'écueil !
Avoir Rome pour sceptre ! avoir pour héritage
L'Italie et son ciel, et la Gaule sauvage !
La part est belle et peut suffire à mon orgueil. »

« L'univers, c'est le corps ; mais Rome c'est la tête !
Lorsqu'après la victoire elle-même la fête,
Rome trouve un écho chez toute nation.
Car Rome, c'est la reine aux puissantes vassales ;
Rome s'est érigé des portes triomphales
Partout où le soleil fait tomber ses rayons ! »

« Compagnon de ma gloire, ô mon aigle fidèle,
Tu dors ! mais le repos est pénible à ton aile ;
A ta poitrine l'air manque dans le vallon,
Oiseau chéri du Dieu qui commande au tonnerre
Pars ; car tu peux aller ensanglanter la terre
De l'aurore au couchant, du sud à l'aquilon !...»

— Et l'aigle des Césars déploya sa grande aile.
Un fauve éclair jaillit de sa jaune prunelle.
Son aigre voix vibra comme un cri de bonheur !
Sur la ville géante où tiennent sept collines,
Tout un grand jour au vent ses avides narines
Demandèrent un peuple encor libre et sans peur.

Longtemps elle plana sur les noires falaises.
Sur les volcans en feu, plus haut que les mélèzes,
Sur la croupe des monts couverts de cheveux blancs...
Puis, lorsqu'elle eut fini sa route triomphante,
Un soir, aux pieds d'Auguste elle tomba mourante.....
La flèche des Centrons avait mordu ses flancs !

L'aigle des fiers Romains, elle est là, dans la poudre,
Honteuse, et déchirant, dans sa rage, la foudre
Qui s'est éteinte au jour qu'elle eût dû lui servir.
Elle avait oublié dans sa course rapide,
Que, derrière les monts connus du seul Alcide,
Et qu'Annibal, plus tard, en fuyant dut gravir

Les Centrons existaient, intrépides athlètes,
Apres comme le ciel qui pèse sur leurs têtes,
Le peuple le plus brave entre tous les Gaulois !
Les Centrons ! peuple éclos dans le creux des ravines,
Grands comme les sapins qui couvrent leurs collines ;
Trop forts, pour se courber sous la verge des Rois !...

Pourtant, ils sont tombés.... comme tombe l'orage !
En creusant sous leurs pas le dévorant sillage
Où se sont engloutis leurs superbes vainqueurs !
Sous les rudes baisers de la hache romaine,
Hélas ! ils sont tombés.... comme tombe le chêne.
Leurs débris ont broyé le fer des oppresseurs !

Mais, pourquoi vous voiler, ainsi qu'une humble veuve
Pleurant le bien-aimé qui dort au fond du fleuve ?
Pourquoi baisser ainsi votre puissant regard ?
Centrons ! relevez-vous ! Vieille race de braves,
Vous n'avez pas au cou d'infamantes entraves :
Il est beau d'obéir quand le maître est César !..

III

— Les dieux du Capitole ont déserté la terre.
L'aigle a laissé tomber son impuissant tonnerre
Qui ne trouvait plus rien à frapper dans les airs.
Et de tout le vain bruit de ces fêtes sanglantes,
De Rome il n'est resté, dans nos villes croulantes,
Que quelques mots épars, rongés par les hivers....

IV

Monuments échappés à la double morsure
    Des hommes et du temps ;
Tristes comme un tombeau, frais comme le murmure
    D'une source, au printemps :

Cloîtres silencieux, temple saint d'un autre âge,
    Où les chrétiens en pleurs
Venaient parler à Dieu, comme après un orage
    La brise parle aux fleurs.

Sombres couloirs creusés, où l'infini commence,
    Où la terre finit !
Où tout homme, en entrant, s'incline et fait silence ;
    Vieux dômes de granit,

Salut !... Au pélerin qui, sur la froide pierre
    Des morts, use ses pieds,
Dites un mot, un seul ! Dites-lui le mystère
    De vos jours oubliés.

Oh ! dites, dites-nous, montagne chauve et nue,
        Quelle puissante main
Si large a pu vous faire, où se forme la nue,
        Cette blessure au sein !

De tous les grincements que du fer la morsure
        Faisait dans votre flanc,
N'avez-vous rien gardé ?... pas même le murmure
        D'une larme ou d'un chant !

Etes-vous la demeure où l'humble anachorète
        Jadis venait prier ?
Du ciel, où l'on ne va qu'en inclinant la tête,
        Seriez-vous le sentier ?

Etes-vous le chemin de la ville dolente
        Où blasphème l'orgueil ?
Faut-il avant d'entrer sous votre arche béante,
        Laisser l'espoir au seuil ?

Oh ! dites, qu'êtes-vous ?... Point d'écho... Le silence
        Seul répond en ce lieu !
Dans ces tombes, plus rien... excepté la présence
        De la mort et de Dieu !...

V

— Mais passons, passons vite : ici l'âme s'oppresse....
Ecoutez, écoutez ce long cri de détresse
Qui s'échappe, strident, parmi les chants railleurs !
Sous le cloître pieux c'est la hurlante orgie,
Folle, ivre de baisers, de vin toute rougie,
C'est la fête aujourd'hui des sires Montmayeurs

. . . .

Vite ! à leur soif le sang du pontife aux mains jointes,
Dont la bouche ne sait que des paroles saintes,
Et dont les doigts tremblants ne peuvent que bénir !
Puis, quand seront repus leurs appétits d'hyène,
Les restes du festin aux corbeaux de l'arène...
Et dans un songe heureux la fête ira finir !

Anathème sur vous ! flétrissure ! anathème !
Félons et lâches, ceints d'un sanglant diadème,
Dormez votre sommeil ! soyez maudits toujours....
Ce n'était pas assez de votre dent, pour mordre ;
Afin de mieux ronger la victime et la tordre,
Vous avez arraché leurs serres aux vautours !

VI

— Comme rapide il va ! traçant son orbe immense ;
Entassant sur les jours les nuits et leur silence ;
Comme rapide il va, le temps au but de tout !
Que de siècles sont morts, sans laisser une page
Surnager sur les flots où se fait leur sillage !
Comme ce grand faucheur a bien passé partout !

Oh, qu'il fait bien sa tâche ! et quand sa faux trop lente
Laisse debout un mur, comme une ombreuse tente,
Pour abriter le front du voyageur penché,
Comme l'homme vient vite !... et de ses dents avides
Avec rage, à son tour, ronge les pieds humides
Des murs plus haut que lui... L'homme a tout arraché...

Salut, manoirs déserts dont la tête superbe,
Comme un reptile impur, rampe aujourd'hui sous l'herbe !
Riche joyau, laissé par le grand Empereur
Aux mains de nos aïeux, splendide basilique
Où nos pères venaient chanter le saint cantique,
Salut !.... Sur vous aussi l'homme a fait son labeur...

VII

— Qu'as-tu fait, qu'as-tu fait de tes vieilles armures,
O patrie ? où sont donc ces longues chevelures
Qui voilaient de tes fils le regard indompté ?
Cité des souvenirs, humble ville expirante !
Riche et belle autrefois, aujourd'hui pauvre et lente,
Oh ! dis : qu'as-tu donc fait de ta fière beauté ?

Le lichen à tes murs cramponne sa racine ;
Dans tes pavés disjoints germent l'herbe et l'épine ;
Le lierre, ami des morts, couvre ton front ridé !
Tes fils, comme un troupeau, courent devant le pâtre ;
Et quand leur soif a bu l'eau de l'étang saumâtre,
Ils dorment dans leurs mains comme un pauvre attardé !

Apôtres de malheur, à la parole immonde,
Ils s'en vont écumant les ulcères du monde,
Ainsi que fait de nuit, le honteux chiffonnier ;
Puis lorsqu'ils sont repus de fiel et de scandales,
Oisifs, dans les bazars ils usent leurs sandales
En vendant les haillons disputés au bourbier !...

Cependant, ils n'ont pas tous soufflé sur leur âme,
Comme sur le flambeau dont on éteint la flamme
Quand l'heure du repos a sonné pour nos yeux.
Ils n'ont pas encor tous disputé l'héritage
D'honneur, de loyauté, d'amour et de courage,
Ces biens que possédaient leurs austères aïeux.

Tes fils, ils n'ont pas tous, pauvre mère, ô Patrie !
Effeuillé de ton front la couronne flétrie :
Il en est dont la foi croit encore aux vieux jours.
Il en est dont le cœur ainsi qu'un sanctuaire,
Garde encore pour les morts une sainte prière,
Une humble lampe en eux, pour toi veille toujours !

Gloire, honneur aux gardiens des trésors de famille !
Car leur âme n'a pas, comme une impure fille,
De leur mère abjuré les instincts vertueux !
À ceux qui sont assis sur les marches du trône,
Comme à ceux qui n'ont plus que le pain de l'aumône
Pour étouffer la faim qui se lamente en eux !...

(1842)

L'ABBÉ MICHEL PARAVY

A VINGT ANS

Adieu, frais matin de ma vie,
Mon jour arrive en son milieu :
Adieu, printemps et poésie,
Frais matin de ma vie, adieu !

J'ai fait vingt pas dans la carrière
Que Dieu m'a tracée ici-bas ;
Vingt ans !... Regardons en arrière :
L'heure qui fuit ne revient pas.

Hier je jouais sous la glycine,
Au pied de l'escalier poudreux :
En voyant ma joie enfantine
On disait : « Comme il est heureux ! »

Hier je courais sur les bruyères,
Au penchant des coteaux fleuris,
Parmi les soleils des clairières
Et les jeunes chansons des nids.

Sous les frémissantes ramures,
Hier, là-bas, me glissant soudain,
J'écoutais les mille murmures
De la forêt, orgue divin.

J'écoutais, lugubres cohortes,
Les corneilles passant là-bas,
Et le sanglot des feuilles mortes
Tombant, se froissant sous mes pas ;

Et les chênes sous la rafale
Chantant en leur puissant remous,
Comme au sein d'une cathédrale
Les chœurs des peuples à genoux ;

Et les gigantesques fanfares
Des bois répondant aux torrents,
Accords profonds, échos barbares
Pareils aux voix des Océans.

Puis, las du présent monotone
Et du réel, morne prison,
Je m'élançais, aux soirs d'automne,
Par delà l'étroit horizon ;

Et chevauchant avec mon rêve
Sur les grands nuages ailé,
Coursiers géants qu'un souffle enlève,
Libre, enivré, j'allais, j'allais

Par des routes aériennes,
A travers les nuages en feu,
Jusqu'aux réalités sereines
Que l'on découvre au sein de Dieu...

— Mais abandonnons ces années
Au passé qui finit ici :
S'il eut ses heures fortunées,
Il eut bien ses larmes aussi.

Partons !... Il reste tant de plaines
A parcourir avant le soir,
Tant de solitudes lointaines,
Tant de cieux inconnus à voir !

Et j'espère y trouver encore
Des jours avant que de vieillir. —
Ces beaux jours que le bonheur dore,
Quelques fleurs peut-être à cueillir.

Mais si les atteintes cruelles
D'un avenir que j'entrevois
Brisent mon cœur, coupent les ailes
A mes beaux rêves d'autrefois ;

S'il faut, parcourant des abîmes
Et courbé sous de lourds fardeaux,
Braver les vents, gravir les cimes,
Seul, sans soleil et sans repos :

Du moins, fidèle en ces alarmes
A la vertu, céleste espoir,
Je savourerai dans mes larmes
L'âpre volonté du devoir.

J'irai, le cœur pur, l'âme droite,
J'irai, sans dévier jamais,
En avant, sur la voie étroite
En haut, vers les divins sommets !

Jusqu'au jour, dernier du voyage,
Où le Maître, au bout du chemin,
M'ouvrira des cieux sans nuage
Et des bonheurs sans lendemain.

Adieu, frais matin de ma vie !
Mon jour arrive en son milieu :
Adieu, printemps et poésie.
Frais matin de ma vie, adieu !

> « *Tanquam flos agri !...* »
> (Ps. cii.)

Il vient un jour où l'oiseau solitaire
Ne redit plus son aimable refrain,
   Où, dans les bois pleins de mystère
La fleur cesse d'éclore au souffle du matin.

Il vient un jour où, meurtri par l'orage,
L'arbre est sans feuille et le rameau sans voix,
   Où l'hirondelle au gai frésage
Ne reviens plus dormir au doux nid d'autrefois.

Il vient un jour où, timide et rêveuse,
Entre les doigts du barde aux cheveux blancs
   La lyre naguère joyeuse
Ne rend plus que des sons affaiblis et mourants.

Il vient un jour, au couchant des années,
Où l'homme, hélas ! se penchant vers les fleurs
   Comme lui si vite fanées,
Ne sait plus les cueillir qu'en les mouillant de pleurs.

EDOUARD PIAGET

LA SAVOISIENNE

Saluons l'aurore éclatante,
L'aurore de notre avenir !
Peuples, nous étions dans l'attente !...
La nuit du passé va finir.
Charles-Albert, que déjà l'histoire
Proclame au nombre des grands rois,
Vient de couronner à la fois
Et notre bonheur et sa gloire.

Il vient d'arborer la bannière
D'ordre et de progrès social,
Que Rome arbora la première
Sur son trône pontifical.
Cet appel éclatant, naguère
Du monde entier fut entendu !
Et nos canons ont répondu
Aux voix des cloches de St-Pierre.

Par lui la presse déliée
Fera parler sa libre voix ;
Toute tête sera pliée
Sous le niveau des mêmes lois ;
Tout culte aura son sanctuaire ;
Tout culte aura droit de cité ;
Toute âme au Dieu de charité
Pourra faire en paix sa prière.

Un roi qu'on aime et qu'on révère,
Plein de sagesse et d'équité,
Qui de ses sujets est le père,
N'a pas peur de la liberté.
Il sait qu'affermissant les trônes,
Cette vierge auguste, aujourd'hui
Des rois est le plus ferme appui,
Et consolide leurs couronnes.

Lorsque ton soleil pacifique
Dans notre ciel a pris l'essor,
Liberté ! — dans leur pourpre antique
Ont pâli les Césars du Nord ;
Et poussant un cri d'agonie,
L'aigle d'Autriche épouvanté,
Ebloui de tant de clarté,
S'est enfui du ciel d'Italie.

Un jour, ô liberté féconde !
En tous lieux plaçant ton autel,
Puisses-tu convier le monde
Dans un banquet universel !
Puissent, unissant leurs bannières
Au glorieux drapeau romain
Les peuples se donnant la main
Ne former qu'un peuple de frères !

Gloire à toi ! prince magnanime !
Que nos chants d'amour triomphants
Te portent l'ivresse unanime
Des premiers nés de tes enfants.
Sois béni dans nos cris de joie !
Tu sais que la fidélité
Est une vieille hérédité
Chez les enfants de la Savoie.

10 janvier 1848.

PLAINTES DE LA NAIADE
DE BRIDES

L'autre soir, j'entendis la source
Toute en pleurs, disant ses ennuis,
Sous les regards de la Grande-Ourse,
A la fraîche brise des nuits :

Pauvre Naïade, ici captive
Le triste destin que j'ai là !
Les poètes m'appellent plaintive,
Mais j'ai bien mes raisons pour ça.

Jadis sous le roc qui m'abrite
J'étais heureuse. Les humains
Du vallon caché que j'habite
Ne connaissaient pas les chemins.

Rien ne troublait ma paix profonde,
Que l'écho lointain, expirant,
Le doux murmure de mon onde
Et la grande voix du torrent.

Pour amis, dans ces solitudes,
J'avais en mon asile obscur
L'immensité, les altitudes
Et le regard bleu de l'azur.

Silencieuse, inaperçue,
Dans mon creux de rocher natal,
De mon urne verte et moussue
J'épanchais mes flots de cristal.

Ils allaient, sans conduit factice
Par leur seule pente attirés,
Courir au gré de leur caprice,
Sur la nappe verte des prés.

Mon voisin, le torrent, dont tremble
Le sol ébranlé par son bruit,
M'aimait ; — et nous avions ensemble
D'amoureux entretiens la nuit.

A l'appel de sa voix tonnante,
Terreur des vallons rapprochés,
Je gagnais toute frissonnante
Son lit rembourré de rochers.

Et je mêlais, — amours furtives
Que soupçonnait le firmament,
Mes ondes tièdes aux eaux vives
De mon tumultueux amant.

Jours heureux, vallon solitaire,
Paix séculaire où je dormais !
Amours pleins d'ombre et de mystère
Je vous ai perdus pour jamais !

Depuis qu'une main téméraire
Souleva les voiles sacrés
Sous lesquels, la terre, ma mère,
Cachait mes trésors ignorés,

Des méchants ligués pour ma perte,
Par un attentat odieux
Ont déchiré ma robe verte
Pour m'exposer à tous les yeux.

Ils ont brisé l'urne de pierre
Œuvre des siècles, grands sculpteurs ;
D'où coulait mon eau libre et fière ;
Ils ont détruit, les malfaiteurs !

Ma coupe de grès, arrondie
Par de mystérieux ciseaux,
Où venaient boire à l'étourdie
Les couleuvres et les oiseaux.

Et l'on force mes pauvres ondes
A couler, dégoût souverain !
Par les bouches nauséabondes
De hideux robinets d'airain !

On les souille, on les empoisonne
Dans des canaux multipliés ;
Pour les consacrer (j'en frissonne !)
A mille usages variés.

Pour garder ma vertu caduque
Et prompte à fuir du réservoir,
On m'a fait don d'un vieil eunuque
Qui me met sous clef chaque soir.

Puis, tous les matins, quel déboire !
Il me faut voir le pâle essaim
D'un tas de bilieux venir boire
Par les ordres du médecin !

Et tous ces ingrats que j'inonde
De mon baume réparateur,
Me font en avalant mon onde
Des grimaces à faire peur.

Mais ma délicatesse exquise
(Les délicats sont malheureux !)
Pour le bien du monde est soumise
A des revers bien plus affreux.

Les Naïades ne sont pas prudes ;
Hélas ! Monsieur Ingre et consorts
Nous ont donné des attitudes
A nous rendre assez esprits forts.

Pourtant, il est certain usage
Qu'on exige souvent de moi
Et que jamais je n'envisage
Sans frémir d'horreur et d'effroi.

Tu comprends, maintenant, ô brise,
Tu connais toutes mes douleurs,
Voilà pourquoi tu m'as surprise
Tout à l'heure ici toute en pleurs.

Mais adieu, l'aurore s'allume.
Silence ! et baissons mon rideau,
Car déjà je vois dans la brume
Arriver tous mes buveurs d'eau !

Juillet 1878.

ALFRED PUGET

HYMNE A LA PATRIE

Entre tous les amours dont on s'éprend sur terre,
Il en est un puissant et dont l'ardeur austère
S'allume dès l'enfance et ne meurt qu'au tombeau.
Celle qui le fit naître est toujours jeune et belle...
      Qui lui reste fidèle
A la gloire pour guide, et l'honneur pour drapeau.

Amour de la patrie ! amour aux flammes saintes !
Est-il rien de si grand que tes pures étreintes ?
Est-il rien de sacré comme tes doux liens ?...
C'est toi qui fus de nous la nourrice première,
      Et lorsque notre mère
Nous fit hommes, c'est toi qui nous fis citoyens !...

Il me souvient encor qu'aux jours de mon enfance,
Mon jeune cœur battait d'orgueil et d'espérance
Aux récits des vieillards qui parlaient du pays...
      Les hauts faits et la gloire
Qui de l'Allobrogie illustrèrent les fils.

Mais il en était un, vieux débris des batailles,
Qui, lorsqu'il me contait ces grandes funérailles,
Sous ses longs cheveux blancs paraissait inspiré...
Et moi je le prenais pour quelque bon génie
   Qui gardait la patrie.
Et j'écoutais sa voix comme un hymne sacré.

« Enfant, » me disait-il, un soir que sa paupière
Venait de s'éclairer d'une étrange lumière,
« Enfant, approche-toi ! le vieillard va mourir !...
« Mais écoute :... Là-bas m'apparaît la Patrie ;
   « Tombe à genoux et prie :
« Dieu me montre une page au livre d'avenir...

« Transtévérine, prends ta plus belle parure ;
« Toscane, orne de fleurs ta brune chevelure ;
« Monts de l'Allobrogie, animez vos échos !...
« Pie, Albert, Léopold !!! ces triumvirs sublimes,
   « S'élèvent sur vos cimes...
« Les ténèbres ont fui... le progrès coule à flots...

« Italie ! Italie ! entonne un chant de gloire !...
« Pour garder de leur nom l'éternelle mémoire,
« Ne taille pas ton marbre en bustes, en autels...
« A l'univers entier, qui devant eux s'incline,
   « Découvre ta poitrine :
« C'est là qu'ils sont gravés, ces trois noms immortels !...

« O pays qui m'est cher ! ô ma mère ! ô Savoie !
« Que ta croix blanche aux yeux du monde se déploie !
« Revêts, revêts la robe aux civiques couleurs...
« Celui qui portera ta royale couronne
   « Aura ton cœur pour trône ;
« Sois fière, ô ma Patrie, entre toutes tes sœurs !.... »

Le silence se fit... je relevai la tête...
Et je saisis les mains du vieux guerrier prophète...
Un froid de mort, hélas !... les glaçait pour toujours...
Mais on lisait encor sur sa face meurtrie :
   « Amour à la Patrie !
« Je meurs heureux d'avoir annoncé ces grands jours... »

Oh ! jamais, non jamais ! le temps, qui tout efface,
De ce grand souvenir ne détruira la trace ;
Il est là dans mon cœur... et les temps sont venus...
Un nouveau soleil luit dans une autre atmosphère,
   Et des cieux, de la terre,
Arrivent jusqu'à nous des accents inconnus.

L'étoile du progrès à l'horizon scintille ;
Déjà son disque d'or dans un ciel plus haut brille.
Patrie, espère !... Albert a le cœur d'un grand roi.
Il sait que l'astre pur, dont l'ardente lumière
   Couvre notre bannière,
Est un astre d'amour, de bonheur et de foi.

Patrie, à toi nos cœurs ! Patrie, à toi nos armes !
Si tu poussais un jour vers nous le cri d'alarmes,
Autour de toi tes fils sauraient se réunir ;
Et nous verserions tous notre sang avec joie...
   Pour la croix de Savoie :
Ta devise toujours fut : Ou vaincre, ou mourir !

LA BRIGADE DE SAVOIE

Phalange de héros, légion immortelle,
Dignes enfants des preux qu'une terre fidèle
Enfanta de tout temps pour la gloire et l'honneur,
Quand nous parlons de vous sous le ciel de Savoie,
   Nous sentons avec joie
D'une noble fierté palpiter notre cœur.

Au signal des combats d'Albert-le-Magnanime,
Vous avez répondu par cet élan sublime :
Dieu, le Roi, la Patrie et la Fidélité,
Nous suivrons nos drapeaux qui marchent à la gloire ;
   La mort ou la victoire !...
Malheur aux fils du Nord !... Vive la liberté !...

Non ! jamais la Savoie à l'honneur ne déroge ;
Son enfant fut toujours l'indomptable Allobroge
Qui fit trembler jadis la Rome des Césars,
Toujours comme autrefois le courageux athlète
   Qui, jusqu'en sa défaite,
Effrayait le vainqueur de ses derniers regards.

Marchons, marchons au cri sacré d'indépendance :
L'aigle à la double tête en vain sur nous s'élance ;
Nous n'avons parmi nous que des hommes de cœur,
Nous n'avons dans nos rangs qu'hommes libres et braves.
   Tremblez, troupeaux d'esclaves,
L'Allobroge ne sut jamais ce qu'est la peur !

Si vous nous accablez en lâches sous les masses,
Par des milliers de morts ensanglantant nos traces,
Nous saurons accepter un glorieux trépas ;
Au cri du rendez-vous de l'armée autrichienne
        La garde savoisienne
Répond : « Je puis mourir, mais je ne me rends pas ! »

Sois fière, ô ma Patrie !... En tes mains immortelles
Les palmes du courage ont reverdi, plus belles,
Et tes fils de l'honneur sont l'éternel soutien...
On doutera plus tard, en lisant ton histoire,
        Qui t'acquit plus de gloire,
De ton nom d'Allobroge ou du nom Savoisien !

8 août 1848.

JACQUES REPLAT

CHANT DE BÉROLD

A travers la poudreuse plaine,
Où vas-tu, noble chevalier?
— « Je vais où le bon Dieu me mène;
Je cherche la terre lointaine,
Et sur mon fidèle coursier
Je vais au peuple qui m'appelle...
Saint Maurice et Bonne Nouvelle!
Ralliez-vous à mon cimier!

« Adieu donc, ma belle patrie,
Mes vieux châteaux des bords du Rhin!
Blondes femmes de Germanie,
Aux regards pleins de mélodie.
Adieu! je pars : C'est le destin
Qui m'emporte... Un peuple m'appelle...
Saint Maurice et Bonne Nouvelle!
Ralliez-vous au paladin!

« Salut au Mont-Blanc ! Ses compagnes
Dressent au ciel leurs front rivaux.
Plane sur les grandes montagnes,
Aigle de Saxe, et des campagnes
A ton bec suspend les rameaux !
Je vais au peuple qui m'appelle...
Saint Maurice et Bonne Nouvelle !
Ralliez-vous à mes drapeaux ! »

Place à Bérold ! tours suzeraines.
Pour lui, pavoisez vos donjons.
Accourez, lances savoisiennes !
Vous, nobles dames châtelaines,
Semez son écu de fleurons.
Dieu le veut ! un peuple l'appelle...
Saint Maurice et Bonne Nouvelle !
L'éclair dore ses éperons.

Son cheval roule sa crinière
Aux vents sonores des combats ;
Au milieu des flots de poussière,
Qu'il suive sa noble carrière,
La couronne est devant ses pas !
Dieu le veut ! un peuple l'appelle...
Saint Maurice et Bonne Nouvelle
Dieu soit en aide aux bons soldats !

STANCES A CHAVOIRES

Adieu, mes doux loisirs au bord du flot tranquille !
Adieu, les peupliers au panache mobile !
Adieu, les volets verts qui se mirent toujours
Dans le golfe d'azur ! Adieu, modeste asile
    Où j'ai compté de beaux jours !

Adieu, refrains joyeux d'une folle jeunesse !
Là, souvent l'amitié, divine enchanteresse,
Au choc de nos flacons répondait avec bruit ;
Et la flamme du punch bleuissait dans l'ivresse,
    Comme un follet danse à minuit.

Un jour aussi l'amour a touché ce rivage :
Mes doigts d'un blanc jasmin parèrent son corsage....
Que les vents étaient doux !.. Que le ciel était beau !
Ah ! bien souvent, dès lors, j'ai rêvé sur la plage
    Où son pied quitta le bateau....

Adieu, mon frais abri d'une saison fleurie,
Adieu donc !... L'homme ainsi ne peut dans cette vie
Sur le même sillon fixer toujours ses pas...
Il faut qu'il marche ! il faut que la fleur soit flétrie,
    Et que l'été mène aux frimas !

La riante oasis, image de ce monde,
Pour un jour seulement rafraîchit de son onde
Le cavalier arabe ; et loin des palmiers verts,
Il portera demain sa tente vagabonde
    Sous le vent brûlant des déserts !

JOSEPH ROLLIER

(POÉSIES INÉDITES)

L'AMITIÉ

A M. Louis X.

Sur les bords du chemin que l'on suit en ce monde
Le ciel a répandu, dans un jour de pitié,
Le germe d'une fleur délicate et féconde
    Que l'on nomme amitié.

Dans son calice d'or est renfermé le baume
Qui relève l'esprit et calme la douleur,
Qui, sous le toit des grands et sous le toit de chaume,
    Exhale sa senteur.

Heureux, heureux celui qui, dès son premier âge,
Le long de ce sentier a cueilli cette fleur,
Et comme un talisman, pour les heures d'orage,
    L'a mise sur son cœur.

Heureux surtout celui qui, d'une main prudente,
La conserve avec soin dans la joie et le deuil
Contre tous les efforts d'une brise inconstante
    Et contre tout écueil.

Je connais ce bonheur, j'ai vu la fleur chérie
Se pencher sur mon sein avec un doux transport,
Et j'ai béni le ciel, et je l'ai recueillie
    A la vie, à la mort !

Thonon, 29 Décembre 1874.

SURSUM CORDA

A MA LYRE

Je suis triste, ô mon Dieu !... mes yeux versent des larmes ;
Un cauchemar étreint mon cœur gros de soupirs !...
Et pourtant je ne sais quelles sourdes alarmes
Le ballottent ainsi dans de vagues désirs !...
Mes pieds ont-ils foulé les ronces de la vie ?
Ne suis-je pas heureux ?... Au printemps de mes jours,
Quel autre sort pourrait exciter mon envie ?
Et pourtant je suis triste et je pleure toujours !...

    O ma Lyre, ta voix sonore
    Un jour charmait mon cœur.
    Reviens, reviens encore,
Sous mes doigts chanter le Seigneur.
    Bannis de ma jeunesse
    Ce rêve qui l'oppresse
    Et trouble mon bonheur.

Mais le bonheur n'est pas une fleur qui grandisse
Sur ce sol étranger, pour l'exilé d'un jour.
C'est au parvis des cieux que son divin calice
S'épanouit et brille au soleil de l'amour.
Trop de vents ici bas dessèchent ses racines ;
Ici bas on la sème, on l'arrose de pleurs ;
Mais son germe naissant qu'étouffent les épines
Demande un air plus pur, de plus douces fraîcheurs.

O ma Lyre, ta voix sonore
Un jour charmait mon cœur.
Reviens, reviens encore,
Sous mes doigts chanter le Seigneur.
Bannis de ma jeunesse
Ce rêve qui l'oppresse
Et trouble mon bonheur.

De la tendre amitié j'ai connu les doux charmes,
Et dans mes songes d'or rêvé plus d'un destin,
Et pourtant j'ai senti mon œil rempli de larmes,
Et toujours je me dis : Le bonheur est plus loin !
Mes mains qu'on croit souvent n'effeuiller que des roses,
Ne savent qu'essuyer les larmes de mes yeux ;
Et mon cœur, éclairé sur le néant des choses,
Ne sait que s'exhaler en soupirs vers les cieux.

O ma Lyre, ta voix sonore
Un jour charmait mon cœur.
Reviens, reviens encore,
Sous mes doigts chanter le Seigneur.
Bannis de ma jeunesse
Ce rêve qui l'oppresse
Et trouble mon bonheur.

Le bonheur d'ici-bas n'est que dans l'espérance
Qui brille dans le ciel aux regards du chrétien ;
A mon âme, ô mon Dieu, conserve l'innocence ;
Contre l'œil du méchant sois toujours mon soutien ;
Appelle-moi souvent à ce banquet de l'ange
Où dans le pain des forts tu te fais notre appui ;
C'est là le vrai bonheur ; là, par un saint mélange,
L'homme perdu dans Dieu devient Dieu comme lui.

Ne cesse jamais, ô ma Lyre,
Ne cesse de redire
Les bienfaits du Seigneur.
Bannis de ma jeunesse
Ce rêve qui l'oppresse
Et trouble mon bonheur.

10 février 1857.

HIPPOLYTE TAVERNIER

ÉLÉGIE
SUR LA MORT D'OCTAVE MÉNABRÉA

A Madame la Comtesse Brunet.

> .... *Manibus date lilia plenis;*
> *Purpureos spargam flores, animamque nepotis,*
> *His saltem accumulem donis, et fungar inani*
> *Munere !*
>
> (Virg. Æneid., lib. vi.)

I

C'ÉTAIT le mois de l'espérance,
Le mois où le pommier fleurit,
Où, riant, le printemps s'avance,
Le mois où, malade, on guérit ;
Avril, cher à l'écho sonore
Et qui fait germer le sillon,
Avril, rose comme l'aurore,
Avril, qui ramène et qui dore
Le rêve à l'homme, et l'aile au papillon.

Cependant, triste destinée !
A nos yeux tout change à la fois :
La rive est morne, abandonnée,
L'oiseau, tremblant, fuit dans les bois ;
De son prisme brillant, l'opale
Perd soudain l'éclat sans pareil :
C'est une fleur au blanc pétale,
Un beau lis des champs qui s'étale
Pour mieux mourir aux splendeurs du soleil.

Quoi ? semblable au vautour rapace
Qui s'abat sur l'agneau vivant,
C'est la mort rapide qui passe
Et qui tombe sur cet enfant ?
Son œil limpide qui reflète
D'un ciel d'azur le feu divin,
Ce doux sourire de poète,
Ce front pur, cette belle tête,
Tous ces rayons s'éteignent au matin ?

II

Ni Viareggio, doux rivage
Que baigne un flot silencieux,
Ni l'air embaumé de la plage,
Ni la mer qu'aiment ses beaux yeux,
Ni tous les charmes dont abonde
Florence, au ciel si caressant,
Ni cette affection profonde
De la famille, rien au monde
N'a pu sauver le bel adolescent.

Ni toutes les promesses roses,
Que le temps semblait lui tenir,
Ni toutes ces superbes choses
A l'horizon de l'avenir :
L'intelligence, le génie
Dont ce fils avait hérité,
Ni cette candeur infinie,
La douceur à la force unie,
De tous ces dons, hélas ! rien n'est resté !

Pourtant une brillante fée,
Comme il nous en souvient encor,
Près de son berceau s'est trouvée,
Lui disant ces paroles d'or :
« Vois sous le ciel qui se dévoile,
« Octave, ton esquif léger,
« J'enflerai doucement la voile
« Et je serai ta bonne étoile
« Sur cette terre où *fleurit l'oranger.* »

Hélas ! ce pronostic de fête
En ce moment que devient-il,
Sur un tombeau ?... Quelle tempête
A brisé cette fleur d'avril ?
Les larmes ne peuvent suffire,
Cher enfant ! à notre douleur ;
Notre pensée est sous l'empire
D'un mal qui ne peut se décrire
Et qui nous plonge un glaive dans le cœur.

III

Quand vous l'avez revu, Madame,
— O trop funeste lendemain ! —
Celui que du fond de votre âme
Vous nommiez votre Benjamin ;

— Combien ce souvenir nous touche ! —
Comme le jeune homme qui dort,
Il était placé sur sa couche,
Pâle, muette était sa bouche,
Les yeux fermés... O ciel ! il était mort !

Son front était ceint de fleurs vierges,
De son âme emblème touchant ;
Autour du lit brûlaient des cierges ;
Des prêtres psalmodiaient un chant ;
Ses belles mains tenaient l'image
De Jésus mourant sur la croix :
Tel, comtesse, ô tendre courage !
Après le cours d'un long voyage,
Vous l'avez vu pour la dernière fois.

Oui, trop cruelle fut cette heure !
Que votre âme a dû se troubler !
La jeune sœur de l'ange pleure,
Et du seuil ne peut s'arracher ;
La mère... ô Dieu ! — dans l'angle sombre
De la chambre tendue en noir, —
Le père... prosternés dans l'ombre !
Groupe éperdu, plaintes sans nombre,
Tout ajoutait à votre désespoir.

Mais lorsque votre main pieuse,
Entourant des voiles du deuil
Cette dépouille précieuse,
Jette des fleurs dans le cercueil ;
Lorsqu'enfin votre front se penche
Pour contempler le cher trésor,
Là, comme une âme qui s'épanche,
Cette figure calme et blanche
Semble parler et vous sourire encor !

IV

Cessez, malgré votre tristesse,
De pleurer celui qui n'est plus ;
S'il vous a dit adieu, comtesse,
C'est pour monter vers les élus ;
Et là se souvenant, cet ange !
Qu'il fut bercé sur vos genoux,
Auprès de lui, dans la phalange
Des bienheureux, où Dieu le range,
Il va choisir une place pour vous.

HYACINTHE TIOLLIER

LE COMTE VERT DE SAVOIE

(FRAGMENTS)

Non loin du Panthéon construit par ses aïeux,
Où Charles-Félix dort au rang des demi-dieux,
Où les nymphes du lac, sous la vague élargie,
Dans leur palais d'azur soupirent l'élégie,
Bords sacrés à mes yeux, où l'on vogue en bateau,
Le passant voit encore un antique château,
Berceau d'Amé-le-Grand. Des arbres gigantesques,
Hôtes silencieux de ces murs pittoresques,
D'un dôme séculaire ombrageant ses débris,
Semblent le protéger sous leurs vastes lambris.
Mon cœur saigne en voyant ces tours mélancoliques,
Noirs colosses debout sur ces restes gothiques.
Lieu de grands souvenirs, historique séjour,
Puisse une auguste main te relever un jour !
O mon roi, si j'osais !... Je vois sur ces décombres,
Des héros, vos aïeux, errer les grandes ombres.
Ce lieu mort aujourd'hui, leur grand nom l'animait ;
Ce manoir qui m'attriste, autrefois les charmait.

C'est là que, le front ceint de palmes immortelles,
Amé VI, adoré de ses sujets fidèles,
Vénéré de sa cour, dans le calme des champs,
Se délassait enfin des fatigues des camps.
Tout entier au bonheur de ses états tranquilles,
Ce prince, en les dotant de réformes utiles,
Fondait une chartreuse et l'Ordre du Collier
Dont il fut, premier preux, le premier chevalier,
Noble aiguillon d'honneur offert par la Couronne!
Prix du sang prodigué sur les champs de Bellone!
Bouillant, infatigable, avare de repos,
Actif durant la paix comme sous les drapeaux,
Il visitait son peuple et rendait la justice,
Exerçait ses guerriers et brillait sur la lice.
Sa cour est à la fois le gymnase de Mars,
Le trône de Thémis, le temple des beaux-arts.
Mais cet ardent génie, en face de l'Europe,
Va grandir dans son vol des Alpes au Rhodope

. . . .

La détresse des Grecs, les excès du vainqueur
Et la voix du Pontife ont fait vibrer son cœur.
Le sang chrétien ruisselle ; il demande vengeance.
Le parent généreux du czar de Bysance
Brûle de signaler son noble dévouement ;
Il nolise une flotte, en presse l'armement,
Fixe le rendez-vous dans les eaux de Venise ;
Bientôt tout sera prêt pour la grande entreprise.
L'ardeur du jeune prince, avide de lauriers,
D'un mâle enthousiasme enflamme ses guerriers.
Que font les potentats ? Leurs promesses sont vaines ?
Hé bien, digne héritier du nom de son aïeul,
Contre les Ottomans il marchera lui seul !
Amé, dont la sagesse égale la bravoure,

Sonde et harangue ainsi le conseil qui l'entoure :
« J'aime en tout temps, seigneurs et fidèles sujets,
A vous communiquer mes plans et mes projets ;
Mais surtout aujourd'hui qu'une cause sublime
Attend de vos grands cœurs un concours magnanime.
L'Orient menacé, près de toutes les cours
Contre les Musulmans réclame un prompt secours.
Je me suis, le premier, inscrit pour la croisade.
Culte, liens du sang, honneur, humanité,
Tout m'en fait un devoir ; je n'ai point hésité.
Déjà Rhodes connaît le drapeau que j'arbore ;
Portons-le à notre tour aux rives du Bosphore.
Tout l'Occident, seigneurs, devait coopérer ;
Les rois l'avaient promis, je devais l'espérer.
Ils ont bercé les Grecs d'un espoir illusoire !
Hé bien ! C'est donc à nous qu'en reviendra la gloire.
Courons à l'ennemi, protégeons le malheur ;
Etonnons l'univers à force de valeur.
Mon armement est prêt ; mais trop faible sans doute.
Seuls contre le torrent que Bysance redoute,
A nos armes, seigneurs, par d'imposants renforts,
Assurons un succès digne de nos efforts.
Vous ne regretterez pas les plus grands sacrifices ;
Je compte entièrement sur vos loyaux services.
Illustres compagnons, c'est à vous que je dois
La splendeur de mon trône et mes derniers exploits.
Nul d'entre vous ne craint la grandeur de la tâche ;
Nul ! Vaincre sans péril, c'est triompher en lâche !
Fier d'être votre chef, intrépides guerriers,
Quand l'honneur nous appelle à de nouveaux lauriers,
Je suivrai comme vous le drapeau de nos pères.
Nous forcerons les Turcs dans leurs sanglants repaires ;
Et vos concitoyens diront en vous voyant :
Voilà les nobles preux vengeurs de l'Orient ! »

La gloire, en lettres d'or, de ses mains triomphales,
A jamais gravera vos noms dans ses annales ;
Et vos derniers neveux liront avec fierté
Cet insigne brevet de l'immortalité.
Tel est le but offert à vos mâles courages.
Prononcez-vous, seigneurs, libres dans vos suffrages. »

Il dit : Tous, grands, prélats, ministres, généraux,
Accueillent à l'envi le projet du héros.

Cependant, un guerrier blanchi sous les enseignes,
Serviteur distingué des trois précédents règnes,
Se lève. Son front chauve inspire le respect.
« Mon dévouement, dit-il, Prince, n'est pas suspect ;
J'en offre pour garant d'antiques cicatrices ;
Non, nous ne regrettons ni sang, ni sacrifices ;
Faut-il pour la patrie affronter des dangers ?
Tout à vous.... Mais notre or, est-il aux étrangers ?
Devons-nous, au refus des plus grandes puissances,
Pour un succès douteux épuiser nos finances ?
Quel espoir avons-nous, seigneur, dans leur concours ?
Toutefois, si les Grecs réclament des secours,
Je ne puis qu'applaudir à votre élan sublime ;
Le malheur a des droits sur un cœur magnanime.
Protégez donc les Grecs, si vous l'avez promis ;
Disposez de nos bras contre les ennemis,
Mais ni de vos trésors, ni de votre personne :
Oui, Prince, elle appartient toute à votre couronne.
Votre nom redouté, vos regards vigilants
Contiennent des vassaux altiers et turbulents ;
D'ambitieux voisins jalousent vos conquêtes.
Ils trament sourdement : Craignez d'autres tempêtes !
Quoique vaincus naguère, ils sont encore debout.
L'intérêt de l'Etat doit passer avant tout.

Gardez cet arbre antique, enrichi de trophées,
Où vos palmes, Seigneur, viennent d'être greffées. »
Il dit, et le conseil l'applaudit de concert.
Tant d'espoir se rattache aux jours du comte Vert !
Le ciel daigne souvent, par de nobles remarques,
Avertir les mortels, éclairer les monarques.
. . , ...
. . . . . . Pour nous, c'est l'évidence.
Constantin voit la croix en poursuivant Maxence,
De son coursier poudreux soudain Paul abattu
Entend ce cri : « Pourquoi me persécutes-tu ? »
Dans les fastes sacrés, Joseph explique un songe.
Ces fastes ne sont-ils que l'œuvre du mensonge ?

Une nuit, occupé des grands événements,
De l'avenir des Grecs, des progrès des Osmans,
Dans ce vaste coup-d'œil où planait son génie,
Un doux sommeil enfin remplaça l'insomnie.

A la faveur d'un songe, il voit les cieux ouverts ;
Sur un nuage d'or qui sillonne les airs,
L'ombre d'Amé-le-Grand, ceinte du diadème,
Apparaît à ses yeux, s'approche ; c'est lui-même.
Son bras droit élevé tient un glaive éclatant ;
L'étendard de la Croix à sa gauche est flottant.
Ce symbole sacré, tracé sur sa poitrine,
Reflète sur ses traits une splendeur divine.
Ses célestes regards expriment tour à tour
La douleur du reproche et l'élan de l'amour.
« Quoi, mon fils, lui dit-il, mon fils, tu délibères,
Quand le fer ottoman extermine nos frères !
Quand l'Asie est en deuil, quand la Thrace gémit !
Lorsque Bysance entend le tigre qui frémit !
Est-ce ainsi, cher Amé, qu'agissaient tes ancêtres ?

Consulte Haute combe : elle est sous tes fenêtres,
Verras-tu sans les suivre, assis sur tes lauriers,
Tes vaillants compagnons ceindre leurs baudriers ?
Ton nom seul t'offrira les plus nobles modèles !
Vois ce glaive rougi du sang des Infidèles ;
Vois ce drapeau sacré : reçois-les de ma main ;
De la gloire, mon fils, qu'ils t'ouvrent le chemin !
En s'armant pour la croix, on ne craint pas le nombre.
L'étendard infernal près d'elle n'est qu'une ombre.
Vole donc au secours des chrétiens expirants ;
Va du poids de leurs fers écraser leurs tyrans.
Bysance peuplera l'Eglise militante ;
Son prince l'a juré : le Ciel est dans l'attente.
Toi-même, le front ceint de lauriers immortels,
Tu rallieras ses fils à nos divins autels.
Suis l'élan de ton cœur, pars, commande en personne.
Le Dieu de Godefroy le veut : je te l'ordonne ! »

L'ombre auguste, à ces mots, d'un air noble et riant,
Par un geste expressif lui montre l'Orient
Et laissant près d'Amé sa bannière et son glaive,
Au séjour éternel, en un clin d'œil s'élève.

Le jeune fils d'Aymon, en sursaut réveillé,
Contemple cette lance et reste émerveillé.
Du défenseur de Rhode elle offre la devise.
Son cœur, à cet aspect, s'enflamme et s'électrise ;
Craintes, raisons d'Etat, ces mots sont superflus ;
L'honneur parle : à ce cri, rien ne l'arrête plus.

R. P. JOSEPH TISSOT

MISSIONNAIRE DE St-FRANÇOIS DE SALES

LE NIL

A peine il a quitté ses sources inconnues,
Le Nil, sous l'Equateur, laisse dormir ses eaux.
Comme un boa géant déroulant ses anneaux,
Il prolonge son cours en spirales tranquilles
Où viennent s'abreuver, avec les crocodiles,
Le lion, la panthère et le fier léopard.
Là, tout semble du fleuve arrêter le départ,
Et fixer le séjour dans ces plaines brûlantes.
Son lit est ombragé de gigantesques plantes ;
Baobas, elaïs, bananiers et cactus
Sur lui tendent leurs bras, et la fleur du lotus
Surnage sur ses flots. Nul esquif n'a l'audace
D'effleurer de ses eaux la paisible surface ;
A peine si parfois un ibis, fendant l'air,
Vole y tremper son bec, et fuit comme l'éclair.
Si l'ombre, le repos, l'air pur, la solitude,
La pleine liberté font la béatitude
Si chère à l'Africain, le Nil sous l'Equateur
Goûte les voluptés du plus parfait bonheur.
Mais l'Egypte a crié : « Viens, Nil, viens royal fleuve,
Mon peuple meurt de faim. Ah ! que son cri t'émeuve

Vois ses greniers déserts ; sur mon sein désolé
Le laboureur en vain sème son meilleur blé :
Tout meurt dans mes flancs secs. Viens, jettes-y tes ondes,
Et bientôt, grâce à toi, mes entrailles fécondes
Nourriront de froment ces peuples affamés.
En artères sans fin tes canaux transformés
Aux plus lointains déserts iront porter la sève
Qui change en oasis la plus aride grève.
Sur tes bords, par milliers, les cités écloront,
Dans leurs Sérapeums tous les arts fleuriront ;
La science y rendra ses plus fameux oracles.
Oui, sous leurs pas, tes flots sèmeront les miracles...
Ignoré, tu dormais au fond du Sahara,
Dans l'univers entier ton nom retentira. »

Le fleuve fut séduit, et son onde assoupie
S'éveillant tout à coup franchit l'Ethiopie
Et courut vers l'Egypte. Autant, dans son repos,
Le Nil semblait jaloux de retenir ses eaux,
Autant, dès que l'orgueil lui fit rompre sa digue,
On le vit tout à coup, de ses ondes prodigue,
Précipiter son cours, écumer, haletant :
Rochers, écartez-vous ; place, Memphis l'attend !
Vainement, pour briser la fureur qui l'entraine,
Les monts de la Lybie interposent leur chaîne,
Et ferment le passage au fleuve impétueux ;
Il mugit, et, pressant ses flots tumultueux,
Il frappe, ébranle, brise, emporte le barrage.
Telle, rongeant, limant les barreaux de sa cage,
La lionne captive avec ses lionceaux
A rompu le métal en milliers de morceaux.
Libres, les voyez-vous s'élancer dans l'espace ?
Le sable de leurs pieds garde à peine la trace,
Tel, divisant ses flots pour hâter leur essor,

Le Nil vainqueur les lance en cataractes d'or,
Car il les a dorés des débris granitiques
Que sa rage a limés sur les roches libyques.
Et Talmis voit passer comme un troupeau vivant
De lions au galop, fauve crinière au vent :
Ce sont les flots du Nil s'élançant vers l'Egypte.
O Nil ! calme un instant le transport qui t'agite :
Réfléchis. Où vas-tu ? Quel vertige insensé
T'emporte loin du lit que Dieu t'avait tracé ?
Tu vas chercher la gloire, et tes ondes rapides
Croient, en marquant leur trace au pied des Pyramides,
Eterniser leur nom ? — Erreur ! Lorsque bientôt
On t'aura dérobé le limoneux dépôt
Qui doit fertiliser le sol pour une année,
A l'éternel oubli ton onde condamnée
Ira grossir les flots de l'immense Océan.
Alors, tu pleureras le beau ciel du Soudan ;
Les rocs qui te semblaient une injuste barrière,
Tu les regretteras comme un mur tutélaire,
Tu maudiras le jour où, séduit par l'orgueil,
Tu les a renversés pour courir... au cercueil !

Annecy, 28 avril 1872.

LA CASCADE DU BONNANT

Les flots marchent pressés ; ils courent, ils bondissent,
Plus rapide est la pente et plus ils sont joyeux.
En vain, pour les diguer, les granits se hérissent,
Les arbres en travers se jettent, se raidissent :
    Tout cède au courant furieux.

Pourtant, le gouffre est là, béant comme l'espace.
Ondes, un pas encore, et vous disparaissez.
— Eh! qu'importe! En avant! Rochers, fendez-vous, place!
Et creusant dans ses flancs une large crevasse
    La roche dit aux flots : Passez!

O chute, ô cararacte, ô vertige, ô furie!
Le flot se heurte au flot, trace à peine un sillon,
Et déjà renvoyé par la roche meurtrie
Remonte en écumant, se tord, éclate et crie,
    Perdu dans un blanc tourbillon.

Ce ne sont plus des eaux, c'est la fauve crinière
De cent coursiers fougueux, échevelés, en l'air;
Le nuage mouvant d'une aride poussière
Qu'au Sahara soulève une horde guerrière
    Dans son vol plus prompt que l'éclair.

L'astre du jour voudrait éclairer cette scène :
Par la fente du roc, il hasarde ses feux;
Mais l'écume épaissit, les voile, et c'est à peine
Si quelques gouttes d'eau, fuyant hors de l'arène
    Acceptent ce regard des cieux.

Seules, ces gouttes-là vivront. Chacune échappe
A la grande hécatombe où s'abîment les flots.
S'irisant aux reflets du soleil qui les frappe,
Comme un calme arc-en-ciel, elles font une nappe
    De moire, au-dessus du chaos.

Heureuse la jeune âme, un instant égarée
Qui, par l'excès du mal épouvantée un jour,
Laissant à son vertige une foule enivrée,
S'élève, et sur le gouffre, ô grâce inespérée!
    Rencontre l'œil du Dieu d'amour.

Notre-Dame-de-la Gorge, juillet 1877.

CHARLES THOMÉ

LA FUITE DE CAIN

Il avait, le maudit, tant marché, tant couru,
Suant à l'air glacé, grillant à l'air torride,
Qu'il bondit, comme un lynx, au fond d'une eau putride
Où grouillaient l'hydre informe et le crapaud ventru.
  — Vengeance ! le cloaque est rouge !

Il s'enfuit en hurlant, défait, horrible, impur,
Car il avait revu ce sang, onde vermeille,
Qui s'était échappé, bouillonnant, de l'oreille...
Il s'en alla, sauvage et fou, l'œil dans l'azur.
  — Anathème ! le ciel est rouge !

Il roula dans les buis, les ronces, les jasmins,
Terrassé, foudroyé par ce flux de lumière
Qui lui remémorait sa lâcheté première ;
Il roula, sanglotant, la tête dans les mains.
  — Fatalité ! sa main est rouge !

Rugissant de douleur, rongé de désespoir
Il défit brusquement l'énorme peau de bête
Qui lui ceignait les flancs, et s'en couvrit la tête.
Si l'azur est sanglant, le voile opaque est noir.
  — Dérision ! la bête est rouge !

Pris d'une sourde rage, il la saisit, la sent,
La froisse et la déchire en ses dents ivoirines ;
Et pendant que l'effroi dilate ses narines,
Il regarde, atterré, son nombril repoussant.
 — Damnation ! son ventre est rouge !

Il s'enfuit, éperdu, vers les ombres du soir.
Il courut longtemps par les steppes, les clairières,
Les gouffres, les ravins, les fanges et les pierres.
Hatelant et meurtri, Caïn voulut s'asseoir.
 — Calamité ! le sol est rouge !

La fièvre frappant à grands coups son crâne étroit,
Il repartit plus sombre et plus craintif encore
Dans la plaine où son pied rencontra, vers l'aurore,
Au sein des lys, un corps chaste, immobile et froid.
 — Horreur ! Abel, la langue rouge !

VITA

On naît, frêle et charmant, comme un nid dans les branches,
On sort des doux berceaux de lin ou de velours,
On a des regards bleus et des risettes blanches :
 Les beaux jours sont bien courts.

On va tout blanc, tout rose, étonné, beau, superbe ;
On aime sa maman, ses jouets, le bon Dieu,
Les ailes dans l'azur et les parfums dans l'herbe :
 Les roses durent peu.

Adolescent, on rit comme une primevère.
On rit parce qu'on est en avril, au printemps ;
On rit parce qu'on ne peut plus être sévère.
 Le rire n'a qu'un temps.

Puis saisi par le Rêve, on s'aime et l'on s'adore.
On s'aime pour le cœur qn'on ne peut apaiser,
On s'aime pour s'aimer et pour s'aimer encore.
    L'amour n'est qu'un baiser!

L'enfant vient, sourit, plait, réjouit, illumine.
Et l'on est bien, et l'on sent ce calme infini
Qui tombe du ciel d'or comme une aube divine.
    Le bonheur n'est qu'un nid.

Les jours vont, l'été passe, on est las et morose,
Le ciel est encore doux. Qui sent comme cela?
Quelque dernier bluet, quelque tardive rose?
    Les pleurs sont vite là.

Automne, pluie et vent. Que la vie est donc brève!
Qu'on a vite passé le sommet du coteau!
Que l'on a peu de temps pour achever son rêve!
    Les rides viennent tôt.

On ferme bien son cœur, sa porte et sa fenêtre,
Et l'on reste chez soi, triste, sombre et profond,
Pleurant les morts que l'on ne verra pas renaître :
    Les cœurs aimés s'en vont.

On savoure le fiel en notre âme muette,
On écoute la nuit ce que souffre le vent,
On refoule ses pleurs, on incline la tête :
    L'ennui revient souvent.

Un soir de brume intense; on se traîne, on se couche.
Le mal nous fond la chair, nous désosse le poing :
On n'a plus de regard, plus de cœur, plus de bouche...
    Le cercueil n'est pas loin!...

J. C. TRAVERS

LA FLEUR DU CARMEL ET LA ROSE
AU LIS DE LA VALLÉE

Une fleur du Carmel dit un jour à la Rose,
En lui montrant un Lis d'une rare beauté :
« Rose, dis-moi, pourquoi ta fleur à peine éclose
Met-elle à se flétrir tant de célérité ?

Si tu considérais avec l'humble Pervenche,
Le Lis de la vallée au parfum pur et frais,
Comme elle, tu verrais que sa corolle blanche,
En dépit des autans ne se fane jamais.

Et surtout tu verrais sa tige ravissante
Resplendir au soleil comme un riche trésor,
Étaler au grand jour sa crête éblouissante,
Aux pétales d'argent, aux étamines d'or.

Et contemplant des yeux sa fleur suave et pure,
Tu la verrais grandir à l'ombre de l'autel,
Exhaler son parfum au sein de la nature,
Pour refleurir un jour... s'épanouir au Ciel !...

Tourne donc tes regards vers cette fleur bénie,
Rose, de ses attraits que ton cœur soit épris ;
C'est la fleur de Jésus et la fleur de Marie :
Sa couronne est tressée avec la fleur de Lis !

Quand contre elle l'Enfer soulève au loin l'orage,
Courbant, brisant parfois et sa tige et sa fleur ;
Ah ! tranquille toujours, elle garde en partage,
Avec sa pureté, sa grâce et sa fraîcheur.

Soutenant de son bras les fleurs de la prairie,
Alors que l'ouragan blesse, meurtrit leur front,
A la douce Pervenche elle verse la vie,
A la simple Anémone un arôme fécond. »

LA ROSE

— « Ici-bas, il est vrai, ma vie est un mystère ;
Je connais mon néant et ma fragilité ;
Ma brillante parure, ah ! qu'elle est éphémère !
Le lis, par son éclat, fait pâlir ma beauté !

Regarde à mes genoux, vois la foule haletante,
Qui caresse des yeux une idole d'un jour !
Non ! une fleur flétrie, une rose mourante !..
Quel déplorable sort et quel fragile amour !

Ah ! je veux sans tarder, au lever de l'aurore,
Donner ma fleur à Dieu, mon calice à l'autel,
Avec tous mes parfums et mes attraits encore,
Et rester à ses pieds la rose du Carmel.

Comme le Lis, je veux, pour réjouir Marie,
Refleurir au saint lieu, Rose de pureté ;
Surpasser en fraîcheur les fleurs de la prairie,
Pour conquérir un gage à l'immortalité ! »

Et le Lis, à ces mots, souriant de tendresse,
Dit : « O fleur du Carmel, immortelle est ton nom !
Car pour toi désormais plus d'ennui, de tristesse :
Le Carmel est l'abri des Roses de Sion. »

Sonnaz, 31 août 1889.

BÉNÉDICT TRUFFEY

A SYLVIO PELLICO

Poète, sois béni ! quand ton pieux délire,
Elevant vers Jésus et ton cœur et ta lyre,
S'éveille ou se rendort au souffle du Seigneur ;
En chantant de la foi les hautes espérances,
Tu m'apprends à jouir même de mes souffrances
Que l'amour divinise au sang du Rédempteur.

Sous tes doigts frémissants, quand ta harpe respire,
Qu'ils sont doux, avec toi, les pleurs ou le sourire !
Je goûte tour à tour ton absinthe et ton miel.
En montant par la croix pour atteindre la gloire,
Tu sèmes, en jalons d'un chemin de victoire,
Les larmes et les pleurs sur le sentier du ciel.

D'un suave transport, oui, mon âme est saisie
Devant tes chants sacrés, parfums de poésie,
Echos purs et vivants du luth d'un séraphin ;
Mélodieux soupirs, extatiques louanges,
Que tu continueras aux oreilles des anges
Dans les flots de l'amour sans mesure et sans fin.

Anathème au talent qu'offusque la lumière,
Et dont la muse impie éteint dans la poussière
Son diadème d'or et ses ailes de feu !
Mais toi, qui voit la vie au-delà de la tombe,
Aigle majestueux ou plaintive colombe,
Tu diriges ton vol vers le trône de Dieu.

Que de fois, quand tu peins de douloureuses scènes,
Mes pleurs ont arrosé tes pages, — et les chaînes
Que ton pied résigné traînait dans ta prison !
Mais tes fers brilleront en fleurons de couronne,
Quand le Dieu, dont l'éclat dans tes écrits rayonne,
Ouvrira devant toi l'éternel horizon.

Le ciel réclamera ta belle âme exilée.
Oh ! puisse-t-elle alors, paisible et consolée,
Sur le sein de Jésus tendrement s'assoupir !
Puissent ton ange saint et la foi que tu chantes
Embaumer, enivrer de délices touchantes
Ta dernière parole et ton dernier soupir !...

BENOIT TURBIL

A UN AMI

La Providence, au bord du fleuve de la vie
      Nous réunit un jour :
Mais ce jour survivra dans notre âme ravie
      Comme un rayon d'amour.
Ensemble nous avons, sur ses ondes fuyantes
      Effeuillé quelques fleurs,
Les unes emportant nos images riantes
      Et les autres nos pleurs.
Notre esprit confiait aux échos de la rive
      Ses rêves enchanteurs,
Que nous regardions fuir comme l'onde plaintive
      En légères vapeurs.
Et tous deux dans les airs, vers les mêmes nuages,
      Nous prenions notre essor,
Pour redescendre, hélas! de ces divins rivages,
      Et remonter encor.
Nous errions dans les bois, aspirant du zéphire
      Les souffles nourrissants,
Ou bien nos faibles voix essayaient sur la lyre
      Leurs novices accents.

Si le terne horizon voilait notre œil morose
   D'un nuage trop noir,
D'un joyeux lendemain le bouton d'une rose
   Ah ! nous donnait l'espoir.
Du ruisseau murmurant la rêveuse harmonie
   Endormait tous nos maux ;
Les oiseaux nous jetaient des flots de mélodie
   A l'ombre des ormeaux ;
La nature et ses chants, le ciel et ses orages,
   Et le tonnerre en feu,
Nous semblaient d'un grand cœur les sublimes hommages
   Montant vers un seul Dieu !
Mais hélas ! tout finit, tout court et tout s'envole
   C'est l'immuable loi,
L'instant même où ma plume écrit cette parole
   N'est déjà plus à moi.
Comme deux voyageurs aux portes d'une ville
   Un instant vont s'asseoir,
Se souhaitant, pensifs, une route tranquille
   Pour ne plus se revoir,
Il faut nous séparer !... Voilà la sombre pierre,
   A côté du chemin,
Où pleurent les amis, où le frère à son frère
   Touche en tremblant la main.
Là chacun devra suivre une nouvelle voie.
   A côté des autels
Tu couleras tes jours dans la belle Savoie
   Sous les yeux maternels.
Moins fortuné que toi, je dois tenter encore
   La vie aux flots mouvants ;
Mon esquif sur la mer déjà vole et j'ignore
   Où le poussent les vents......

JEAN-PIERRE VEYRAT

(MORCEAUX INÉDITS)

L'INCENDIE DE SALLANCHES

I

Sallanches n'était plus que ruines fumantes
Où l'incendie errait en livides ruisseaux,
Comme on voit de l'Etna les laves dévorantes
Rouler leurs flots de feu sur ses tristes coteaux.

Le jour tombait; le ciel, masqué par la fumée,
N'éclairait plus du feu les horribles transports,
Et les vents ne jetaient à l'oreille alarmée
Que les cris des mourants et leurs derniers efforts.

Sur les rives en deuil de l'Arve désolée,
Une vierge timide, au gré de sa frayeur
S'en allait, l'œil hagard, la tête échevelée,
Oubliant le sujet de sa juste douleur.

Quand la faim, la fatigue, à son corps étrangères,
Épuisèrent enfin ses membres languissants,
Mourante, elle s'assit.... L'excès de ses misères,
Dissipant sa torpeur, lui donna ces accents :

II

Quel est cet horrible incendie
Qui vient effrayer mes regards?...
Où court cette foule ébahie
Qui se presse de toutes parts?...
L'esprit brûlant de la tempête
Plane-t-il au sommet des monts?
Vient-il, dans ses habits de fête,
Surprendre l'enfant des vallons?...

Ou qu'entends-je au sein des ténèbres?
Sont-ce des cris, de longs sanglots,
Qui viennent dans ces lieux funèbres
Se mêler au long bruit des flots?
Ou bien de quel affreux délire
Mon esprit est-il agité?...
— Ce songe, est-ce toi qui l'inspire,
Ange de la fatalité?...

Ah! personne qui me réponde!
Où suis-je? Que vois-je à mes pieds?
On dirait l'Arve vagabonde
Qui roule ses flots effrayés!
Et moi, de nuit, sur ce rivage,
En proie aux frissons de la peur!...
— Ce n'est point une vaine image,
Sallanches n'est plus! Quel malheur! —

Hélas! ce bruit, c'est l'incendie
Qui dévore notre cité!...
Cette foule errante, étourdie,
Que chasse la calamité,
Ce sont mes frères d'infortune!...
Ma mère... c'est toi!... toi, ma sœur!
Et moi dans la fuite commune
Je suis ici, seule!... Oh! horreur!

Fuyons!... Mais quel lien m'enchaîne?
Mon pied trahit ma volonté.
Mon corps, sous le poids qui l'entraîne,
Ne trouve plus sa liberté.
Mon cœur tressaille et désespère,
Mon œil s'éteint, je vais mourir!...
Ah! je vais mourir... et ma mère
N'a pas mon dernier soupir!...

Eh bien! frappe, ô ciel, frappe encore!
Achève enfin de me briser.
Eh! quoi, son courroux que j'implore
A-t-il déjà pu s'épuiser?
Qu'est donc devenu ton tonnerre?
Mais où s'égare ma raison?...
Mon Dieu, mon Dieu, rends-moi ma mère,
Et punis-moi de ton pardon!

Peut-être que sur l'autre rive
Ma mère cherche son enfant;
Peut-être sa voix convulsive
Me bénit-elle en expirant.
Et moi, je cède à ma faiblesse...
— Ma mère! Oh! sans moi ne meurs pas!
Attends ton enfant qui se presse...
Je viens expirer dans tes bras.

III

Et l'amour filial rappelle un peu de vie
Dans ce sein défaillant que la mort va saisir.
— Pauvre biche blessée à travers la prairie,
La vierge court, cherchant sa mère pour mourir.

Mais déjà dans sa marche elle plie et succombe,
Sa paupière s'étend sur son œil moribond;
Hélas! la pauvre enfant loin de sa mère tombe,
Et l'ombre du trépas s'attache sur son front.

IV

Auprès d'elle, à l'instant, passe une jeune fille
Qui de la charité mangeait déjà le pain.
Le seul qu'elle eût toujours dans sa pauvre famille :
Et l'indigence alors vint assister la faim.

« Le malheur nous fait sœurs, dit-elle, et l'infortune
Nivelle trop les rangs qui distinguaient chacun.
Mais puisque la misère entre nous est commune,
Partageons-nous ce pain qui doit être commun.

« Notre nuit est passée, on voit poindre l'aurore ;
Dieu sait nos maux, et l'homme apporte ses secours ;
Tu reverras ta mère ; oh ! ne meurs pas encore ;
Fais-lui vivre sa vie en conservant tes jours. »

Ces paroles de femme, ardente sympathie
D'un cœur infortuné pour un cœur plus souffrant,
Résonnent dans son âme et rendent à la vie
Une beauté naissante... A sa mère, une enfant.

(1840)

L'ISOLEMENT DU CŒUR

O Dieu, de quel divin parfum elle est suivie,
Cette voix qui nous dit au printemps de la vie :
« Jeune homme, c'est l'amour qu'ici vous respirez ;
Le ciel est sans nuage et la mer est calmée,
Hâtez-vous, cette vierge est votre bien-aimée,
Cette voix, c'est l'amour, elle vous dit : Entrez ! »

Ou bien : « L'orage est là, prévenons sa furie
Avant qu'il souffle, osons dans la coupe de vie
Boire jusqu'à l'ivresse aux sources du bonheur !

Et qu'importe l'orage ?... une fidèle étoile
Nous protége, et la nuit nous prêtera son voile.
  C'est assez pour le cœur ! »

Ah ! mon Dieu ! si plus tard sur votre main posée
Notre main ne sent rien palpiter que la mort,
Et si dans les tourments d'une ardeur abusée,
Cherchant à comprimer un funeste transport,
Vous sentez que la vie est l'enfer de votre âme,
Un calice de feu qu'on avale toujours
Sans en vider jamais l'inépuisable flamme,
  Alors demandez à l'amour !...

Demandez à l'amour pourquoi dans cette vie
L'espérance est toujours d'amertume suivie,
Pourquoi l'homme sortant des bras de la beauté
Pressent avec tristesse une heure où l'amour même
N'aura plus un seul mot pour vous redire : J'aime !
  Plus de feu pour la volupté.

Et pourquoi la pensée errante et vagabonde
Ne trouvant plus d'asile où se cacher, le monde
Cherche à saisir un rêve à jamais échappé,
Et se brisant de fiel contre la destinée,
S'écrie avec l'accent d'une âme profanée :
  Amour, tu m'as trompé !

Je l'ai trop bien appris, ce feu qui vous dévore,
Brille dans leurs regards comme un noir météore,
Comme un feu du volcan prêt à vous engloutir,
Comme un éclair du ciel, précurseur de la foudre,
Eclaire un voyageur qu'elle va mettre en poudre
  Avant que de l'anéantir.

Et quand cet incendie a desséché votre âme
Et quand un vent funeste a soufflé sur la flamme
Si pure à son matin, qui brûle encore en vous,
Vous vivez bien toujours, si c'est toujours la vie
Que d'implorer du ciel l'heure de l'agonie
   Sur un cercueil, à deux genoux !

Et quand on a trop lu dans le livre du monde
Comme une barque roule avec les flots de l'onde,
On se laisse entraîner au hasard des courants !...
Qu'importe si les flots errants à l'aventure
Nous poussent dans le port ou vers la plage impure
Où le poison caché dort sur les flots stagnants ?

Et puis vient un instant où l'âme abandonnée
Se consume elle-même et tombe profanée
Dans la morne stupeur d'un muet désespoir,
Et languissant ainsi dès l'aube jusqu'au soir,
Et mourant mille fois avant de mourir une,
Se résigne en pleurant, et dort dans sa fortune.

Grésy-sur-Isère, 31 juillet 1831.

DERNIER CHANT

Adieu, belles fleurs de la vie,
 Adieu, coupe d'ivresse, espérance d'un jour ;
Des lieux qu'elle habitait vous fîtes ma patrie...
  Adieu, vains songes de l'amour !

Votre dernière voix maintenant est muette,
 Brise-toi dans mes mains, ô lyre du poëte !
  Tu n'as qu'à faire de chanter,

Quand sur la rive solitaire,
Au ciel, sur l'onde et sur la terre
Pas un vers ne vient t'agiter !

Silence à tes accords ! ton impuissant délire
N'obtint pour tout succès qu'un dédaigneux sourire,
Un geste, un mot trempé de fiel,
Lorsque sur l'aile d'un mystère,
Des solitudes de la terre
Tu montais au banquet du ciel ;

Lorsque dans tes accents aux fêtes de la vie
Tu conviais l'amour et la mélancolie,
Et que tes chants mouillés de pleurs,
Evoquant les morts dans la poudre,
Retentissaient comme la foudre
A l'oreille des oppresseurs

Ah ! du moins si ta voix, sous une ombre embaumée
Se fut unie aux sons de sa voix bien aimée,
Et si chacun de tes accords
Dans un soupir mêlé de flamme,
Eut été l'écho du remords !

Avec moins de regrets, sur l'océan du monde
J'aurais livré tes chants aux caprices de l'onde,
J'aurais dit à ces vers d'un jour :
Allez sous les feux de l'orage
Tenter les flots et le naufrage
Puisque votre étoile est l'amour !

Mais poursuivre toujours des feux de sa pensée
Un souvenir éteint, une image éclipsée,
Le prestige d'un mot trompeur...

Et ne moissonner sur sa route
Qu'un rêve, une chimère, un doute,
Ou les transes de la douleur !

C'est livrer au hasard les accents du poète,
C'est aller comme va l'éclair de la tempête
Et comme l'oiseau des brisans,
Qui ne s'élance dans l'orage
Que pour alarmer le rivage
Du bruit plaintif de ses accents.

Toi qui charmais l'ennui des heures de ma vie,
Adieu, lyre d'amour, doux rêve d'harmonie !
Oh ! n'as-tu pas assez chanté ?
Mon cœur à tes hymnes d'ivresse,
D'espoir, de pitié, de tendresse
N'a-t-il pas assez palpité ?

Silence à tes accords, ô lyre bien-aimée,
La route où nous passons ne fut pas embaumée
Par le doux regard des amours...
Que peut le souffle qui t'inspire
Pour charmer le cœur qui soupire
Parmi les orages des jours ?

L'amour s'est éclipsé, la nature est muette,
La liberté s'exile ou gémit dans les fers,
Brise-toi dans mes mains, ô lyre du poète !
Que voudrais-tu chanter que l'âme ne regrette
D'avoir chanté, dans l'univers ?

Grésy-sur-Isère, 31 Juillet 1831.

J.-ELIE VIALLET

LA CLOCHE DU VILLAGE

> Du berceau à la tombe, vous l'accompagnez de vos sons tantôt tristes, tantôt joyeux, plus souvent tristes, hélas! Car la vie de l'homme est une trame faite de larmes et de souffrances.
> Dr ORDINAIRE.

Oh ! Silence ! — Ecoutons cette voix métallique
Qui vibre doucement dans l'écho du hameau !
C'est l'heure où le berger, ramenant son troupeau,
Reviens frais et joyeux au foyer domestique.

Il bénit cette voix à l'accent poétique
Dont le gai carillon salua son berceau,
Et qui demain peut-être, au seuil de son tombeau,
Tintera tristement son adieu sympathique.

Elle appelle au travail et conduit au repos,
Chante avec les plaisirs, pleure avec les sanglots,
Et des calamités annonce le passage !

C'est la voix du passé, la voix de l'avenir !
Je t'aime et te salue, ô cloche du village !
Puisse à mon dernier râle, un jour, ta voix s'unir !

LE BERCEAU

A ma nièce et filleule Adèle-Joséphine Viallet.

> *Salut à toi, ô fleur mignonne,*
> *éclose au jardin de mes affections.*
> Camoens.

Viens, oh ! viens à la vie, enfant dont la naissance
Va rayonner d'amour au foyer paternel !
Hâte-toi de sourire au regard maternel
Epiant les progrès de ta jeune existence !

Il me semble déjà de grâce et d'innocence,
De même qu'une fleur sur un modeste autel,
Sur ton front voir briller ce reflet immortel
Qu'épure la vertu, qu'embellit l'espérance !

Si tu n'est pas l'œillet, si tu n'es le jasmin,
Mouillant sa mâle tige aux larmes du matin,
Tu seras parmi nous la tendre violette !

Aime de notre ciel la profondeur d'azur,
Et pour t'épanouir, ô fraîche pâquerette,
Aspire de Beaufort les effluves d'air pur !

Novembre 1885.

TABLE

	PAGES
ANDRÉ THEURIET.	
A la Savoie	v
CHARLES BUET.	
Introduction	IX
ALEXANDRE AGNELLET.	
Un Ouragan dans les Alpes	1
Retour en Savoie.	2
JULES ARNULF.	
Serments d'amour	4
Chalets cachés	5
L'Hiver doré	6
JOSEPH BÉARD.	
L'Amour jouant du flageolet	7
J. BERNARD DE MONTMÉLIAN.	
Le Chant de l'Epée	9
Sonnet de fête.	12
JENNY BERNARD.	
Epitre familière	13
Le Petit Savoyard	14
Ballade du Savoyard	15
ADRIEN BOIMOND.	
Disappeared Springs (Les Printemps disparus) . .	17
HENRY BORDEAUX	
Son nom	22
Le Juif-Errant.	24
JEAN BERLIOZ.	
L'Avenir	29
JEAN-FRANÇOIS BLANC.	
Aux Grecs	37

R. P. François Bouchage.
La Médaille du soldat 40
Charles Burdin.
L'Aurore 40
La Forêt 44
Les Mares 47
La Fin du jour 48
François Arnollet.
La Fin du vieil alpiniste 50
Jacques-Henri Callies.
La Croix du village 56
L'Enfant et le Curé 57
L'Abbé Charvoz.
A mes fleurs 59
Mon petit atelier 61
Gaston de Chaumont.
Le Double orage 64
Eugène Chenal.
La Veillée 70
A une Savoyarde 72
Marguerite Chevron.
Epître aux femmes 74
Ferdinand Chenu.
Créateur et créatures 79
A. Clément.
Acte de foi 82
Savoie 83
Charles-J. Derisoud.
L'Immortelle 84
Une Mère 86
François Descôtes.
Béthoncourt 88
Ch.-Eug.-Joseph Dessaix.
Triolets 95
Joseph Dessaix.
La Liberté 97
Eugène Dessaix.
A Jean-Pierre Veyrat 99
Antony Dessaix.
Le Ménage du lapin 103

Georges Dondeville.

Le Jour des Morts . . . , ... 106
Souvenir de Brides-les-Bains. 107

Octave Ducros de Sixt.

La Guerre future. 110
Le Monument de la victoire à Berlin 113

L'abbé Hilaire Feige

Episode des temps gaulois en Savoie 116

Joseph Gavard.

Le Papillon et la chandelle. 122
Ce que j'avais rêvé 124

Amélie Gex.

Stabat Mater . . . . . , ... 125
Sonnet . . , . , ... 126
La Pâque du pauvre. . . , ... 127
Le Soir 128

L.-Joseph Grandperret.

L'Hidalgo 131
Ame géante. 135
Vieille histoire. 196

Eugène l'Héritier.

La Savoisienne . . . . , . . . 137

le Docteur Jacquemoud.

Le Roi et le peuple 139

Auguste de Juge.

Fleur des Alpes 145
L'Enfant et le mors. 147
La Plume et l'épée . . . . , . . 148

Claudius Lochon.

L'Hiver des écoliers. 150

L'abbé Joseph Lombard.

Le Mont Buet. 153
Pointe percée 156

Frère Louis.

Le Génie moderne 161
La Genèse scientifique 170

Mgr Gaspard Mermillod.

A l'auteur de la *Coupe de l'exil* 185

R. P. Montagnoux.

Ode à saint Thomas d'Aquin. 188
Le Poëte chrétien au XIXe siècle. . . , ... 192

René Muffat.
La Légende du chévrier 193
La Fleur qui croit en tous lieux 203

Leon Nouvelle.
Le Retour des champs 205
Lassitude 286

J. Ogier.
Les Bernois en Chablais 209

E. Orsat.
L'Automne 215

A. Ougier.
Promenade en Tarentaise 217

L'abbé Michel Paravy.
A vingt ans 225
Tanquàm flos agri. 228

Edouard Piaget
La Savoisienne 229
Plaintes de la naïade de Brides 231

Alfred Puget.
Hymne à la patrie 235
La Brigade de Savoie 238

Jacques Replat.
Chant de Bérold 240
Stances à Chavoires 241

Joseph Rollier.
L'Amitié 243
Sursum Corda 244

Hippolyte Tavernier.
Elégie sur la mort d'Octave Ménabréa 247

Hyacinthe Tiollier.
Le Comte Vert de Savoie 252

R. P. Joseph Tissot.
Le Nil 259
La Cascade du Bonnant 260

Charles Thomé
La Fuite de Cain 262
Vita 263

J.-C. Travers.
La Fleur du Carmel et la Rose 265
Bénédict Truffey.
A Sylvio Pellico 268
Benoit Turbil.
A un ami 270
Jean-Pierre Veyrat.
L'Incendie de Sallanches 271
J.-Elie Viallet.
La Cloche du village 280
Le Berceau 281

ACHEVÉ D'IMPRIMER

A THONON

Le cinq Décembre mil huit cent quatre-vingt-neuf

Par Joseph MASSON

Directeur de l'Imprimerie de la Société Anonyme de l'Union Chablaisienne

(JULES MASSON, Conducteur)

www.ingramcontent.com/pod-product-compliance
Lightning Source LLC
Chambersburg PA
CBHW071604170426
43196CB00033B/1747